部下を動かす!

超一流の伝え方・三流の伝え方

大岩俊之
Toshiyuki Oiwa

さくら舎

はじめに

私は、研修やセミナーを通じて、伝え方、コミュニケーション、リーダーシップ、営業などのノウハウを教えています。年間1500人以上の人にかかわりますが、その中には、経営者、リーダーと呼ばれる人が半分くらいいらっしゃいます。

研修の中で質問を受けたり、ワーク中の会話を聞いたり、研修後に個別に相談を受けたりしていますが、上司（リーダー）の悩みは、次の2つに集約されます。部下に「言葉が伝わらない」のと、部下が「思うように動いてくれない」という問題です。

今でこそ、経営者やリーダーにアドバイスをしている私ですが、会社員時代はリーダーとして失敗続きでした。メーカーの営業マンとして働いていましたが、会社の経営が悪化し、親会社に吸収合併されることになりました。私は合併された側でしたので、下っ端の仕事を想像していたのですが、なぜだか、親会社の営業マン25人の面倒を見る責任者になりました。しかも全員年上です。最大の年齢差は、30歳でした。

働いてきた環境が違うため、仕事のリズムが合いません。どうしたらいいか分からないながらも、指示を出したり、アドバイスをしたりして、がむしゃらに頑張りましたが、言葉が伝わらず、思った通りに動いてもらえませんでした。みなさんプライドがありますし。私は、人を動かすことを考えるより、売上を作ることに頭がいってしまい、裏でお客様に根回しをしていました。そのようなことを続けた結果、メンタル不調となり会社を休むことになってしまいました。

そんな苦い経験があります。

今までは、年下の正社員の男性が部下になるケースがほとんどでした。それが近年は、年上の部下、役職定年を迎えた元上司の部下、定年後に雇用延長した部下、総合職の女性部下、ゆとり、さとり世代の部下など、多様化しています。

部下には、正社員だけでなく、契約社員、派遣社員、パート・アルバイト社員などの非正規社員も含まれます。

時代の変化とともに大きく変わったのが、年功序列、終身雇用の崩壊です。もう、みなさんの会社で働く人の多くは、会社に対して昔のような忠誠心がないということです。契約社員、派遣社員、パート・アルバイト社員などの非正規社員は、雇用期間の定めがあるため、その会社に一生いるわけではありません。ゆとり、さとり世代の若者は、長く勤めれば給料が上がり、会社が定年まで守ってくれるとは考えていません。

どんなに嫌なことがあっても、理不尽な上司がいても、納得がいかない指示・命令があっても、「将来いいことがある」「今我慢すればいい」「上司には従うもの」というように、前向きに捉えて我慢する時代ではないのです。

「伝え方」が悪ければ、部下は動きません。

「昔は、○○だった」と過去の栄光にしがみついている場合ではありません。「今どきの若者は……」と、文句を言っている場合でもありません。

上司の立場であるあなたが、部下に対して伝え方を工夫しなければならないのです。たくさんの経営者、リーダーから相談を受けてきた切実な問題を取り上げ、上司が部下に対して工夫すると良くなる方法を、超一流、二流、三流という対比を使い、1冊の本にまとめました。

普段から、大学生や新入社員とかかわっていますので、若者からの相談もよく受けています。上司と部下の両方の気持ちを取り入れたつもりです。

章立ては、次のようになっています。

第1章　モチベーションアップ編
第2章　指示・命令の出し方編
第3章　褒め方・叱り方編
第4章　アドバイス編
第5章　コミュニケーション編
第6章　新入社員の扱い方編
第7章　上司世代の価値観編

この本の内容が、少しでもみなさんのお役に立てると幸いです。

大岩俊之

目次◉部下を動かす！
超一流の伝え方・三流の伝え方

第2章 指示・命令の出し方編

第3章 褒め方・叱り方編

第4章 アドバイス編

第5章 コミュニケーション編

第6章　新入社員の扱い方編

第7章 上司世代の価値観編

部下を動かす！
超一流の伝え方・三流の伝え方

第1章

モチベーションアップ編

超一流は、仕事のやりがいを与え、三流は、家や車でやる気をあおる

(○) 超一流は、仕事のやりがいを与える
(×) 三流は、家や車でやる気をあおる

経営者やリーダーなど、上司のみなさん、部下にこのような話をしていないでしょうか?


「賃貸より、持ち家を買ったほうがいいぞ!」

「家を買うと、仕事が頑張れるようになるぞ!」

「仕事を頑張れば、いい家に住めるし!」

「給料が上がれば、いい車に乗れるぞ!」

「もうすぐボーナスだから、車を買い換える時期だね!」


残念ながら、時代遅れのテーマです。

これを機会に、意識を見直すべきです。

「頑張れば給料が上がる」
←
「給料が上がれば、いいモノが買える」
←
「いいモノを買うと、気分が良くなる」
←
「明日から、仕事が頑張れる」

ここでいう「いいモノ」が、家や車なのです。

正直言って、このロジックが当てはまる時代は終わりました。みなさんも薄々気がついているのではないでしょうか。このロジックが前提の会話をしても、部下には伝わらないということなのです。

私がこのようなことを言うのには、根拠があります。

研修講師やコンサルタントとしていろいろな企業に出向く機会が多いのですが、50代以降の社長や部長クラスの方に、真っ先に言われる言葉があります。

「我々の時代は、持ち家を買うために仕事を頑張ったし、少しでもいい車に乗りたかった。でも、今の若者は、持ち家や車には興味がないみたいなのです。どうやったら、やる気を出すのか分かりません」

バブルの時代を生きてきた上司からしたら、持ち家や車は、自分たちが頑張るための生きがいでした。

40代後半の私も、30歳過ぎたころに、持ち家を購入しましたし、「女子にモテるための車は何だろうか?」とよく考えたものです。ものすごく気持ちは分かります。

ですが、部下である今の若者は、モノがあふれた時代に育っています。生まれてから、テレビやエアコン、冷蔵庫があるのは当たり前で、私たちの時代になかったテレビゲーム、スマートフォン、パソコン、デジタルカメラなどにも囲まれているのです。

頑張らなくても、モノが手に入る時代に育っているのです。

「モノ」でやる気にさせることはできません。

所有する時代も終わりつつあります。CDを買わなくても音楽はYouTubeで聞けますし、辞書や書籍を買わなくてもネットで情報を調べることができてしまいます。特に、家や車など、高価なモノを購入すると、負担が大きくなることが分かっています。昔のように、給料は上がりません から。

部下のやる気がなくなったのではなく、やる気になるスイッチが変わったということです。

これは、マズローの欲求5段階説で説明ができます。

アメリカの心理学者アブラハム・マズローが、人間の欲求を5段階の階層で理論化したマズローの欲求5段階説を記します。

第一階層の「生理的欲求」は、生きていくための基本的・本能的な、食べたい、飲みたい、寝たいなど欲求。

第二階層の「安全の欲求」は、危機を回避したい、健康や家など、安全・安心な暮らしがしたいという欲求。

第三階層の「社会的欲求」は、集団に属したり、仲間を求めるような欲求。

高度成長期の時代は、ここを求めていた。

第四階層の「承認欲求」は、他者から認められたい、尊敬されたいという欲求。

今の40～50代の世代は、ここを求めていた。

第五階層の「自己実現の欲求」は、自分の能力を引き出し、創造的活動がしたいなどの欲求。

現代の若者は、このレベルにあるのです。


部下は、自分の「自己実現」に対する欲求や、「人の役に立ちたい」という欲求は持ち合わせています。**第五階層の「自己実現の欲求」を満たすような会話をすることで、話が伝わるようになります。**

なるべく早いうちから、何らかの仕事を任せるといいでしょう。

マズローの欲求５段階説

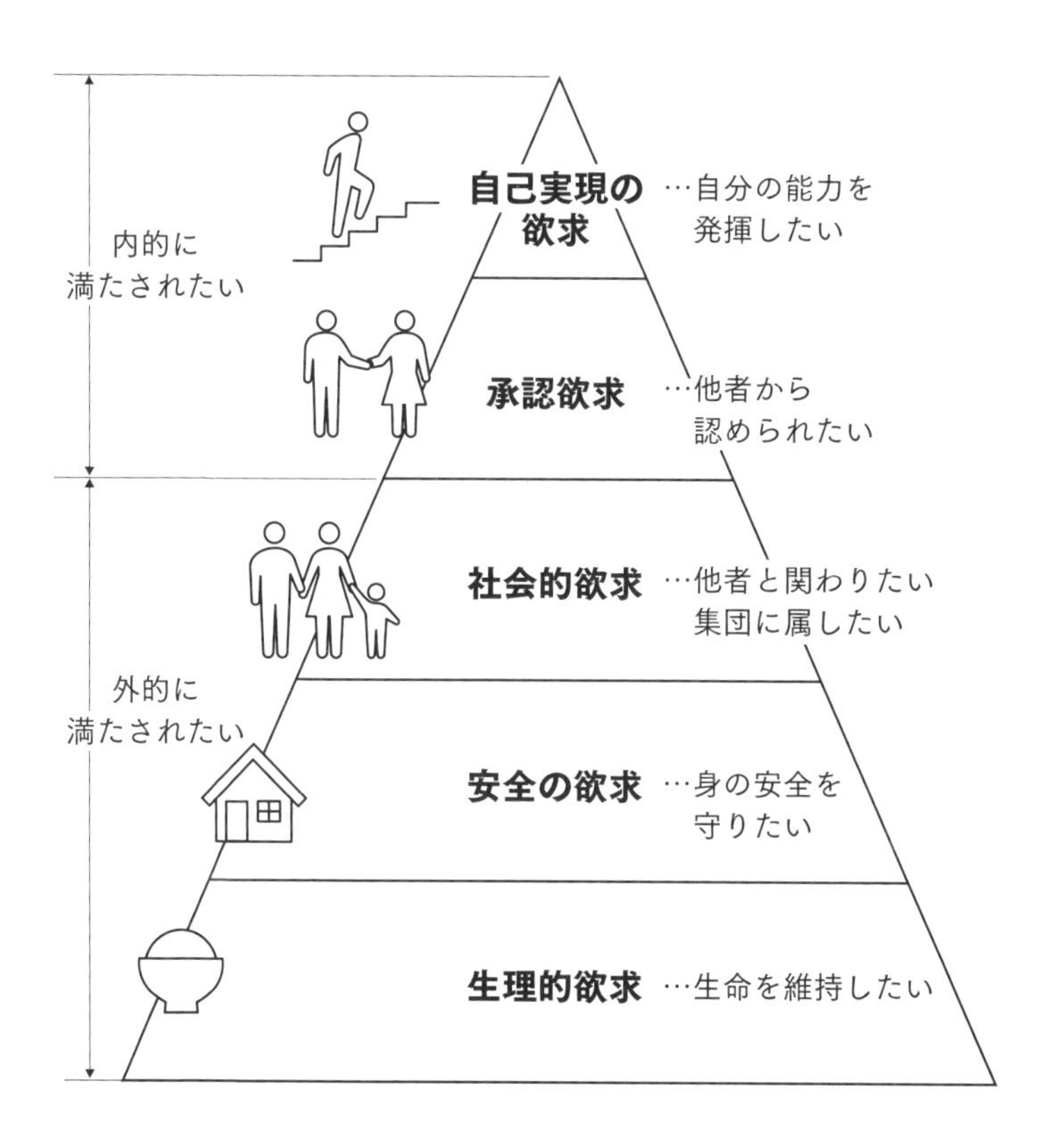

例えば、どんなに小さなことでもいいので、

・リーダーを任せてみる
・担当先を持たせてみる
・イベントを任せてみる

などです。

モノでやる気をあおるのをやめて、やりがいを与えることができた上司は、部下が動くようになったと報告してくれます。

やる気の対象がモノではなくなったということです。

超一流は、プライベート時間を優先させ、三流は、お酒に誘い嫌われる

（○）超一流は、プライベート時間を優先させる
（×）三流は、お酒に誘い嫌われる

・部下との親睦を深めるには、飲み会が一番！
・部下のストレス解消には、飲みニケーション！

などと思っている上司は、少し反省して下さい。

今の若者は、会社関係の飲み会をとても嫌がります。上司の方に聞くと、会社で強制の飲み会は、「残業代は出るのですか？」と、聞かれるケースもあるようです。上司は、良かれと思って飲み会に誘っているのに、余計に嫌われる時代になってしまったのです。

・飲み会に誘えば、部下はついてくるものだ！

・最近の若者は、飲み会に来ないからけしからん！

などという価値観を、まず私たちがあらためなければなりません。

という私は、実は、お酒が大の苦手です。ここ10年くらい、一滴も飲んでいません。よく、「お酒が弱いのですか？」と聞かれますが、お酒が強いか弱いかの前に、好きではないので、飲みたくないというのが正直なところです。

長年、営業マンをしておりましたので、お客様や社内での飲み会はたくさんありました。お客様がお酒を飲まない私を責めるなんてことはなかったのですが、社内の飲み会が大変でした。

いくつかの会社で働きましたが、「お酒が飲めないのは営業マン失格！」と、どの会社でも言われてきました。ひどい上司には、「お酒が飲めないなら会社を辞めろ！」と言われたこともあります。週に3～4日、毎回、夜の3時まで飲み会が続く会社もありましたので、「お酒を飲むのが仕事なら、会社を辞めます！」と、転職したばかりの会社で、退職の意思を伝えたこともあります。もちろん、引き留められましたが。

お酒がストレス解消にならない人にとっては、職場での飲み会は、苦痛でしかありません。

私の例は、一昔前では、めずらしかったのかもしれませんが、このように感じる人がいるということをまず、理解しなければなりません。

今は、独立して仕事しているため、自分から好んでお客様と食事する機会を作りますが、お酒を飲まなくても、「とりあえず一杯だけ！」「飲まないとつまらない！」などと言われることはなくなりました。時代は大きく変わったのだなーと感じています。

若い部下の方に、会社の飲み会についてのヒアリングをすると、部下から出てくる意見は、だいたい次の3つです。

- **仕事以外で、職場の人に気を使いたくない**
- **飲み会でまで、上司に説教されたくない**
- **仕事以外の時間は自由に使いたい**

このようなことから、上司は、飲み会で親睦を図ろうと考えるのではなく、**仕事以外の大切な時間を、部下の自由にさせてあげる配慮をしたほうがいいのです。**

なかには、飲み会が好きな人もいますし、上司に気を使うことが気にならない人もいます。

上司に好かれたいがために参加する人もいるかもしれません。そのような人だけで集まればいいのです。決して、飲み会に来ない人を悪く言うことがあってはなりません。

親睦を深めたいのであれば、飲み会でなくても十分可能です。会議などで、「最近の良かったこと」などを発表してもらってから、本題に入ることで、部下のプライベートな一面を知ることができたりします。（詳細は173ページ）

15時には、一斉の休憩を与え、そこで、みんなが集まってお菓子を食べながら、世間話をするなんて取り組みをしている会社もあります。

親睦を深めるのは、夜の飲み会だけではありません。

超一流は、仕事のプロセスを評価し、三流は、成績と好みで評価する

（○）超一流は、仕事のプロセスを評価する
（×）三流は、成績と好みで評価する

お客様先で、部下の方にヒアリングをしていると、「好み」で部下を評価している上司が多いことに驚きます。最近は、だいぶ少なくなりましたが、まだ存在します。

「成績」、すなわち、「結果」で評価するのは、ビジネスですので当たり前のことなのかもしれません。ですが、**「好み」で評価するのは、人によって好き嫌いがあるといえども、部下のモチベーションを下げる大きな要因になります。**

40～50代の私たちの年代は、仕事はそこそこで、少しでも上司に好かれるために、無理難題を言われてもこなし、プライベートの時間を削り、飲み会に参加（私はあまり好きではありませんでしたが）したり、休日のゴルフのお供をしたりしていました。マージャンも必死で覚えました。

仕事以外の部分で人の好き嫌いが決まり、なぜか、仕事の評価にも大きく影響していました。今思うと、おかしな仕組みでしたけど。

そんなことが当たり前だったので、その考え方を口に出さないまでも、今でも、期待している上司も多いのです。体質が古い企業ですと、部下の仕事の出来、不出来よりも、部下の好き嫌いで、社員の評価が決まり、給料やボーナスに反映していることがあります。

もう、そんな時代ではありません。

「好み」で評価する気持ちは、とてもよく分かりますが、仕事の中身そのものをもっと見て欲しいのです。

これからは、仕事の「結果」ではなく、仕事の「プロセス」で評価する時代に変わってきています。これを、「プロセス主義」と呼んでいます。

「結果」が良ければすべて良しというのではなく、**「プロセス」が良ければ、必ず良い結果が出るという考え方です。**

「結果主義」ですと、人によってやり方が大きく変わりますし、相手に迷惑をかけてでも「結果」を出せばいいと考えてしまう人も出てきます。

私が指導していたあるリフォーム会社は、完全な実力主義でした。「結果」がすべての世界です。「結果」を出すがお客様からクレームが多い人、「結果」はいまいちだがお客様からの信頼がとても厚い人、どちらを評価するかというと前者になってしまうのです。

結局、「結果」が出ていても、クレームが多ければ、お客様のところに、あとから出向く回数が増え、時間が取られます。担当者の評価が下がれば、会社の評判も悪くなります。

人を指導する場合でも、人によってやり方が違いすぎるために、「再現性」がありません。ある人はできるが、ある人にはできないというスキルになってしまうのです。これでは、仕事の品質が保てません。

そこで、「プロセス主義」という考え方が出てきました。

その仕事が上手く行くためには、上手く行くための方法、プロセスがあります。**そのプロセスは、誰がやっても再現性があり、それなりの結果が出るものです。**そこに、運などは存在しません。行動したかどうかのプロセスなのです。

例えば、法人向けの営業マンの場合、売上が上がるプロセスの1つに、お客様と会う回数を重ねるということがあります。1回会っただけで、大きな商談が決まることもありますが、そこには、前任者の影響や会社の看板、タイミング、運などが影響していることが多いです。お客様のところに訪問した回数で評価するルールであれば、本人がお客様のところに出向いた回数（努力）で評価が決まります。

たくさん会えば絶対に売上が上がる訳ではありませんが、1つの指針であることは確かです。話をしている内容や、企画の提案回数、信頼関係構築度合いなどは、また別のところで評価すればいいのです。

話が伝わるようになるには、まず、好き嫌いで人を評価しないということです。**部下が動くようになるために、「結果」ではなく「プロセス」で評価してあげて下さい。**

「プロセス主義」を言い訳にして、「結果」を求めない人も出てくるので、ある程度の「結果」を求めることは、あってもいいかもしれません。

超一流は、仕事を失敗から学ばせ、三流は、ミスを防ごうと指示を出すが通じていない

（○）超一流は、仕事を失敗から学ばせる
（×）三流は、ミスを防ごうと指示を出すが通じていない

多くの上司は、いつか、部下が大きなミスをするのではないかと心配しています。会社に迷惑をかけるようなミスをすれば、上司の管理責任能力が問われかねません。店舗や支店などをまかされている責任者であれば、なおさらです。

自分たちの身を守るため、部下がミスをしないようにするために必死です。もしくは、ミスが起これば、問題が大きくならないように隠すこともあります。

企業が、データ改ざん、設計ミス、不具合などの重要事項を隠蔽（いんぺい）して大問題になったりするのも、お客様のことよりも、自分たちのことばかり心配をしていることから、事件が起こってしまうのでしょう。結果的に、企業の存続を左右する問題にまで発展してしまいます。

問題が起きたことは仕方がないので、そのミスを認めて公表するか、お客様に説明して、早急に問題に対処するほうが、実は、大きな問題にならずに済んだりするのです。ですが、そこまで視野が広い人は、少数派です。

私は営業マン時代、ミスは認めて上司にすぐ報告することを肝に銘じて活動してきました。大きな問題になりかけたこともありますが、お客様との関係は、悪くなるのではなく、逆に、良くなったことのほうが多かった気がします。

自分でお客様に怒られたり、上司に怒られたりして、失敗してきたからこそ、対処方法が身に付いてきました。万が一、失敗したりミスをしたりしても、このように対処をすると、お客様との関係は悪くならないことを、体験しています。

日本人はマジメなのか、ミスが許されない環境で育ってきました。挑戦することより、ミスをしないように物ごとを行うことのほうが得意です。そのため、上司は、部下がミスをしないように指示を出してしまうのです。

失敗しないための指示では、部下はイヤイヤしか仕事をしません。話も伝わりません。私も

経験してきたことですが、「ミス」を防ぐためにした指示は、意外と相手に伝わっていないのです。

結局、部下は自分で体験するまで理解できないので、「ミス」をします。上司は、気持ちを大きく持って、部下に「失敗」をさせることが必要なのです。

営業であれば、お客様に電話で伝えたはずのことが、通じていないことがあります。お互いに違う受け取り方をしていることもあります。

例えば、急ぎの注文があって、
「明日中に納品します！」
とお客様に電話で伝えたとします。

営業マンとしては、明日中であれば何時でもいいと思っていることが多いです。実際には、明日中と言っても、夜の23時なのか、終業定時の18時なのかで全く違います。

たいてい、お客様は、**「明日中と言っても、午前中にはなんとかなるよね！」**と思っています。この「明日中」という言葉がやっかいなのです。「明日中」の「中」が抜けて、「明日」になるともっとあいまいです。

このようなパターンでは、昼過ぎに、お客様から「催促の電話」がかかってきますので、そこで気がつきます。

納品トラブルになると、あとで大変になることもありますが、失敗して、お客様に怒鳴られて初めて、部下は自分のミスに気がつくのです。

先ほどのようなケースで、夜中に工場で生産をし、朝、商品が工場から配送されるような場合は、午前中には間に合いません。もしかしたら、ラインを止める重大な納品トラブルになるかもしれません。

このような場合は、上司が注視しておく必要があります。ですが、今まで、納品トラブルで失敗したことがないと、重大な案件のときにミスをしてしまうことも考えられます。

日頃から、部下に経験を積ませることの大切さは理解していただけたでしょう。

会社の発展を本気で願うなら、上司は自分がラクをするため、自分が被害を受けないために、ミスを防ぐのではなく、部下が失敗から物ごとを学ぶように自分で気づかせてあげることが大切です。

このほうが、部下はやる気を持って取り組んでくれるようになります。

超一流は、目標達成は今の延長にあると考え、三流は、逆算して今やることをあおりテンションを下げる

（○）超一流は、目標達成は今の延長にあると考える
（×）三流は、逆算して今やることをあおりテンションを下げる

目標を達成するために、どのようなプロセスをたどればよいかご存じでしょうか。

多くの上司は、何も考えず、自分が学んできた方法を部下に押しつけています。その方法に、疑問を持ったことがない人もたくさんいるでしょう。

おそらく、多くの人が学んだ目標達成の方法は、

1. 1年単位の大きな目標を立てる
2. その目標を達成するために、何をすればいいか考える
3. 月単位でやることを細分化する

4. 毎日、やることを決め、その通りに行動する

これは、アメリカ式の目標達成手法で、書店に並んでいる自己啓発本を読んでみても、ほとんどがこの方法を紹介しています。

営業など、数字で管理される部署は、たいてい、この手法を使います。１年間で、１２００万円の売上を達成する必要がある場合、１ヶ月の数字は、１００万円です。１個10万円の商品を扱っていたとすると、月に10個売らないといけません。１週間にすると、２～３個です。そのためには、１日にお客様に何人会わないといけないというように細分化していくのです。

そのため、毎日、毎日、何をしなければいけないのかを追いかけて、部下を追い込んでいくのです。

私は、この方法が日本人には合わないと感じています。

企業で目標管理研修を行ったり、起業したい人に目標達成のサポートをさせてもらっていますが、**アメリカ式の目標達成方法が合うのは、日本人の20～30％くらい**ではないでしょうか。

企業で出世した上司、営業成績の良いトップセールスマン、会社を起業した創業者、実力が

あるやり手の社長などは、自分を追い込んで、自ら目標を達成する方法がピッタリです。そのため、起業して成功した人の書籍にも、この方法が必ず紹介されています。

トップアスリートなどもこの方法で強くなり、金メダルを取る、大会で優勝するなどの目標を達成していきます。テレビなどでもよく紹介されるため、私たちはこの方法が当たり前だと思い込んでしまっています。偏差値の高い大学に入った人も、時間を管理し、自分を勉強に追い込んでいます。

目標管理制度が導入されている企業でも、多くがこの方法を取り入れています。企業が、偏差値の高い大学の出身者や体育会系出身者を好むのは、自らを追い込んで、頑張る人が多いからです。

世間の情報だけを見て、上司は勘違いしてしまっているのです。
自己啓発本で学んだ意識が高い人も、勘違いしてしまっています。
自分を追い込んで、気合いを入れ、物ごとを進めていく人であれば、会社員になっていなかったかもしれません。高校を卒業して、起業して会社を興しているかもしれません。アスリートの道を進んでいたかもしれません。

一般的に会社員を選んで就職した多くの人は、偏差値の高い大学の出身者でもないし、体育会系出身者でもありません。そもそも、自分を追い込んでいくタイプではないのです。

私は、会社員時代、このアメリカ式の目標達成方法が苦痛で仕方ありませんでした。転職を数回し、通算で15年ほど営業をしてきました。営業ですので、営業数字達成は必須でした。

どの会社でも、営業目標以上の数字を達成してきました。最高で月3億円の売上を達成したこともあります。そんな中で、すんなり営業数字を達成できた会社と、そうでない会社がありましたが、その違いは目標の管理のされ方がすべてでした。

毎日、毎週、毎月、数字を追っかけられた会社は、ほんと苦労しました。プレッシャーに弱く、人に管理されるのが嫌いな私は、テンションが下がる一方で、大きく数字を上げることはできませんでした。

逆に、数字目標はあるけれども、やることは管理されず、上司も何も言ってこない会社は、どんどん成果を上げることができました。このような会社ですと、「大きな実績や成果を上げて、上司を驚かせてやろう！」とか、「上司に信頼されているから、応えないといけない！」などと考え、かなりやる気が出て、成果を上げることができました。

目標があるから達成しようとしたのではなく、信頼されているから、その期待に応えようとして、数字が達成できたということです。日々、やることを決めて、その通り動いたことはありません。のらりくらりです。本気でやる日もあれば、そうでない日もありました。これでも、トップセールスになれたのです。

人によって、目標達成の方法は違うということです。上司の成功体験は、部下の成功方法にはならないのです。**決して、上司が上手くいった方法を、部下に押しつけてはいけません。**

40代後半の私ですら、アメリカ式の目標達成方法が合わないのですから、モノに満たされて育った、物欲がない今の若者には、合わないケースの方が多いのです。

より話が伝わるようにするためには、目標から今やることを決めるのではなく、正しい方法で行動していれば、その先に、目標達成があると考えることです。

目標達成は、今の行動の延長にあります。

上司は、やり方が正しいかどうかだけを見ていればいいのです。

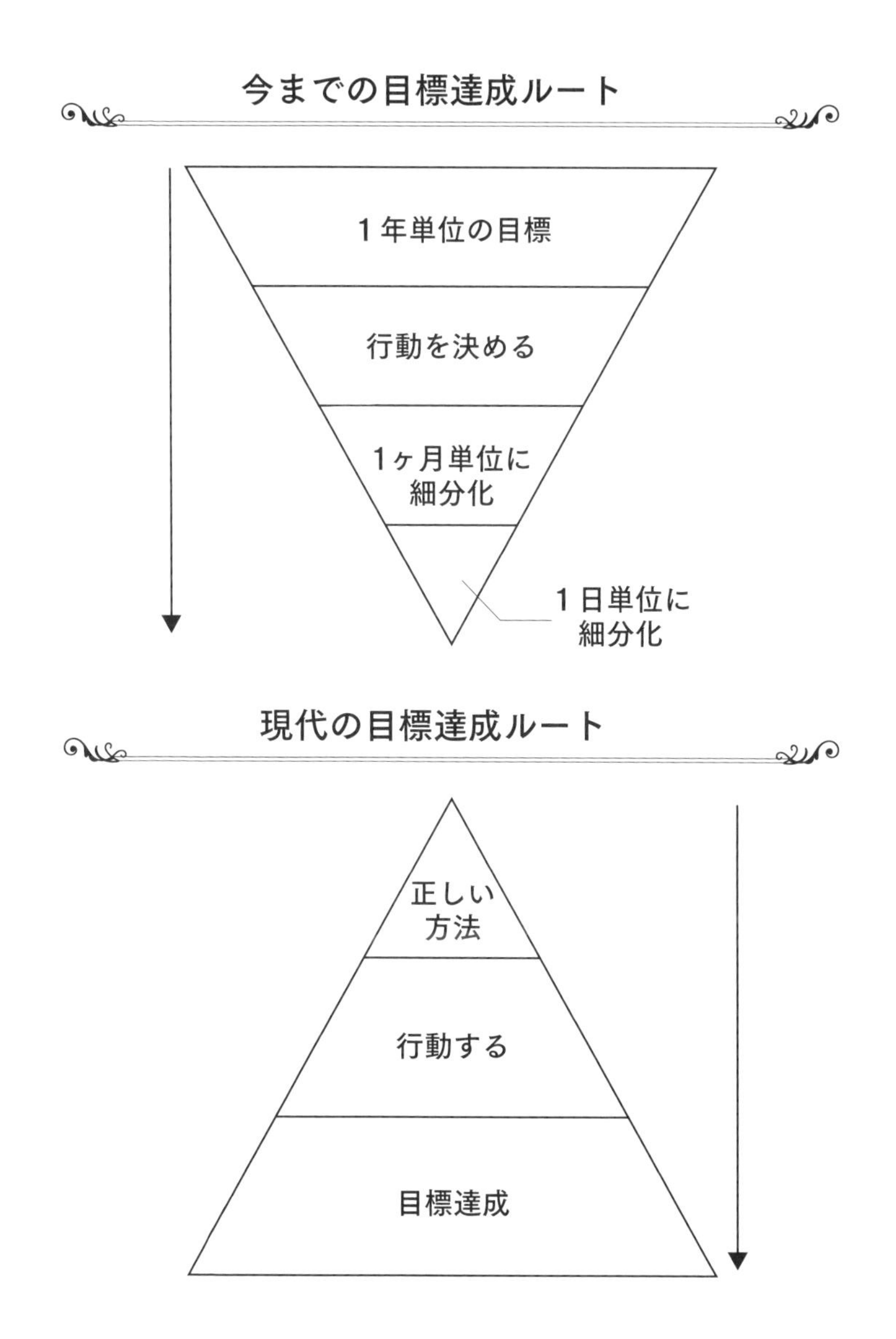
今までの目標達成ルート
１年単位の目標
行動を決める
１ヶ月単位に
細分化
１日単位に
細分化
現代の目標達成ルート
正しい
方法
行動する
目標達成

超一流は、仕事を任せて苦労させ、三流は、下積みさせすぎて辞めさせる

（○）超一流は、仕事を任せて苦労させる
（×）三流は、下積みさせすぎて辞めさせる

最近の若者は、長く修業や下積み生活をしなければ、一人前になれない仕事を避ける傾向にあります。

例えば、美容師、料理人、すし職人、大工、水道工事、塗装などの仕事、建築や土木系の職人、町工場の従業員、整体院の仕事などです。私がお世話になっている美容室のオーナーや、整体院のオーナーなどは、人材を募集しても、全く人が集まらないようで、いつも人材不足を嘆いています。

保育士、介護士、接客サービス業など、仕事を覚えるまで苦労をしたり、あまりにも給料が安すぎる仕事なども、目指す若者が減ってきているようです。

このように、**苦労をする仕事を避け、無難な企業を求めて就職をしているためか、自分の入社した企業で、下積みばかりの毎日でしたら、納得がいかなくなって辞めてしまうのはお分かりだと思います。**

人が集まらないと、その業界は衰退してしまうため、運送会社やサービス業などは、非正規社員を正社員化したり、同一労働同一賃金を導入したり、休みを増やすなどの取り組みをして、働きやすい職場になるよう努力をしています。

このように、企業として努力をしている時代になってきたのに、まだ、古い考えを持ち続けている業界や、上司や先輩が多いのが実情です。

スマホの普及で、情報はすぐに手に入るようになり、今まで人に教えてもらわないと身に付かなかったことも、YouTubeなどの動画で、簡単に見ることができるようになりました。

そのため、今の若者は、何でも簡単に手に入り、身に付くと考えています。あまり長い間下積みをさせすぎると、今の若者は会社を辞めてしまうのです。私たちオジサン世代からしたら、甘い考えかもしれません。もっと、我慢して苦労して欲しいのですが、もはや、そのようなことは期待できません。

我々が変わるしかありません。上司のみなさんも、考え方や視点を変えて欲しいのです。3年は下積み生活をしないと一人前になれない仕事は、本当に3年もかかるのでしょうか。

以前、通っていたお寿司屋さんに、修業をしている弟子がいましたが、3年経っても、5年経っても、寿司を握ることはできず、裏方の仕事ばかりでした。結局、寿司職人の道をあきらめ、転職をされたそうです。

ホリエモンこと堀江貴文さんが著書の中で、「寿司職人が何年も修業するのはバカ」だと言っています。実際に、修業や下積み生活をせず、数ヶ月学校で学んだだけのシェフが、人気店を営んでいるケースもあるようです。

一人前になるために○年かかるという考え方は、一旦、捨てなければいけません。

上司がきちんと時間を使って教える、動画などを活用して具体的な仕事をイメージさせる、シミュレーションソフトを使って疑似体験をさせるなど、工夫することはたくさんあるはずです。

私がコンサルしたある会社の経営者は、「うちの仕事を覚えるのに3年はかかる」などと言っていました。ですが、いろいろ社内でヒアリングを重ねていくと、先輩が忙しすぎて教えている時間がなく、転職してきた人が放置されていることが原因でした。経営者は、時間がかかると思い込んでいるため、営業職で採用しても、1年くらいは倉庫の手伝いで、なかなか営業の仕事をさせてもらえないのです。

まずは、なるべく早く、仕事を任せることです。仕事を任されて苦労することは、部下にとっての経験になりますので、どんどん成長していきます。ですが、下積みの苦労は、今の若者にとっては、我慢するだけのものです。

一昔前の3年は、今の半年に相当するくらい、移り変わりの早い時代です。3年も下積みをさせていたら、一昔前の10〜15年に匹敵してしまうのです。

同じ苦労をさせるなら、下積みではなく、仕事を任せて苦労させたほうが、よほど、本人のためになるのです。

第2章

指示・命令の出し方編

超一流は、小学生にも分かる言葉で伝え、三流は、専門・業界用語を当たり前のように使う

（〇）超一流は、小学生にも分かる言葉で伝える
（×）三流は、専門・業界用語を当たり前のように使う

自分の部署に新しく新人が配属されることがあります。まさか、そんなときに、「会社や業界の暗黙のルールに従うのが当たり前！」「新人なのだから、自分で努力して理解すべきだ！」なんて思っていませんよね。

みなさんは、会社に入社してから、業界のことを覚え、専門・業界用語を一から理解し、一生懸命に努力して頑張ってきたことでしょう。自分たちが、苦労してきたことや、努力してきたことを、後輩や部下たちに、押しつけたくなる気持ちは分かります。

これでは、**部活で先輩のしごきにあったから、後輩もしごくのと同じです。今や、体罰となって罰せられます。新人をたとえ言葉であってもしごいていいのでしょうか。**

今は、時代が違います。

情報のスピードは相当速くなり、昔に比べ、人員は減っています。一人一人が、仕事の余裕がないため、新人の即戦力化が必要です。しかも、正社員だけではなく、転職者、契約社員、派遣社員、パートなど、様々な人が同じ場所で働きます。

なるべく、すぐ戦力になるよう、分かりやすく教える必要があるのに、専門・業界用語の連発。新人が使えないのではなくて、みなさんが使えないのです。

そのためには、専門用語は使わずに、小学生にも分かる言葉でかみ砕いて教える必要があります。

残念ながら、多くの上司が、専門・業界用語、社内でしか通用しない言葉と、一般の人が分かる言葉とを、区別できていないのが実情です。私は、企業で研修をするたび、この問題を強く感じます。

私は、電子部品業界の営業職として、数社、会社を移りました。会社を移ると、扱う商品も変わりましたし、担当のお客様も変わります。転職した会社で、先輩から引き継ぎを受けたのですが、まともに引き継いでもらえたことはありません。

そのため、担当のお客様の専門・業界用語、自分の会社が取り扱う分野の用語を覚えることに、かなり時間を使いました。お互いに、時間のロスです。

半導体の業界に転職したとき、専門・業界用語が分からず、本当に苦労しました。

半導体とは、家電製品やパソコン、スマートフォンの中に入っており、データを記憶したり、命令を出したり、機械を動かすためになくてはならない基幹部品です。もしこれを、「半導体とは、導体と絶縁体の中間の部品です」ですと言われても、誰も理解できませんよね。半導体のエンジニアの説明には、必ず、導体と絶縁体が出てきます。

データを記憶する半導体には、容量があります。スマホなどでは、64G（ギガ）、256G（ギガ）、パソコンやBD／HDDレコーダー、テレビに外付けで接続する録画用ハードディスクなどであれば、1T（テラ）、2T（テラ）などの表記を見たことがあると思います。

この容量の単位は、Byte（バイト）なのです。64GB（ギガバイト）、1TB（テラバイト）です。

ですが、半導体業界では、Byte（バイト）ではなくbit（ビット）を使います。1Byteは、

８bitです。単位を間違えると、８倍の容量の違いが出てしまいます。
ユーザーは、このような細かいことを意識する必要はありませんが、業界人にとっては、とても重要なことなのです。このように分解して教えてあげればいいのですが、ほとんどの上司は、「64Ｇ（ギガ）といったら、bit（ビット）に決まっているだろー」という感じなのです。

新しく入った新人にとっては、「何が決まっているのか……」分かりません。

トヨタ系の会社と取引をすると、納期のことを、「カンバン」と呼ぶことが多いです。一度は耳にしたことがあるカンバン方式（必要なときに必要な数量を納入する方法）から来ています。
お客様や社内のやり取りで、いきなり、「Ａ商品のカンバンはいつ？」と聞かれるのです。初めてトヨタ系の企業と取引をしたとき、「どの店の看板ですか？」と聞き返して、かなり怒られたのを覚えています。
私からすると、「納期はいつ？」と言い換えるか、「うちでは、納期のことをカンバンと呼ぶから」と前置きすればいいだけのことです。ですが、「新しく入った側がルールに合わせなさい」という感じですので、分かりやすく伝えようなんていう気持ちは感じられません。

新人に対しては、専門・業界用語や社内用語で話すべきではありません。絶対に、話は伝わりませんから。

将来的に使う必要があったとしても、小学生でも分かりやすい言葉に分解して教えてあげたほうが、早く相手に伝わりますので、理解も早まり、上司（先輩）側、部下（後輩）側の両方が、得をするのです。

分かりやすい言葉で教えることができるようになるためには、何が専門用語なのかを知ることからスタートして下さい。まず、いくつでもいいので、紙に書き出してみましょう。自分の業界にいない人に確認するなどして、専門・業界用語なのかどうかを区別しなければなりません。分かりやすく人に伝えるには、避けては通れない道です。

私は、業界用語、専門用語集をノートで数冊分作り、担当が変わるときには、必ず、渡してきました。

超一流は、3つのタイプ別に伝え方を変え、三流は、誰にでも同じ伝え方をして、伝わらないと相手のせいにする

（〇）超一流は、タイプに分けて伝え方を変える
（×）三流は、誰にでも同じ伝え方をして、伝わらないと相手のせいにする

以前の日本は、高度成長期で、みんなが豊かな暮らしをしたいという目標がありました。会社員は、長年勤めれば給料も上がりますし、出世もしていきました。定年まで、クビになることは、ほとんどありませんでした。働く人も、正社員が当たり前でした。

近年、年功序列、終身雇用が崩壊したと言われていますが、バブルが崩壊したあとも、以前の名残があります。

以前は、人それぞれ、育ち方、価値観、考え方、性格が違うのが分かっていながら、誰に対しても同じような伝え方をしていました。それでも、目指す目標が同じでしたので、きちんと伝わりました。

今では、外国人、派遣社員、契約社員など、様々な人々が働く中で、目指す目的も、方向も違います。長く勤めるのが目的でない人もいます。愛社精神のある正社員は、だいぶ減りました。みんなに同じ伝え方をしていては、話が伝わらなくなってしまいました。

そこで、相手にきちんと伝えるためには、話す側が、相手をタイプ別に分けて、伝え方を工夫しなければなりません。

私がオススメする、一番分かりやすいタイプ分けは、表象システムと言って、「人の優位感覚」によってタイプ分けをして、伝え方を変える方法です。

人の優位な部分は、大きく分けて、この3つです。

- **視覚（V）**
- **聴覚（A）**
- **体感覚（K）**

温泉に入ったとき、露天風呂の雰囲気や、温泉の色など、景色や見た目が気になる人は、視覚優位（V）です。温泉が湧き出る音が気になる人は、聴覚優位（A）です。ぬるぬる、すべすべなど、身体で感じる人は、体感覚優位（K）です。

人の優位感覚

■視覚優位

見る

■聴覚優位

聴く

■体感覚優位

感じる

単純に3つに区別できる人もいれば、複合的に組み合わさっている人もいます。たいてい、どれか1つが強くて、どれか1つが弱いなど特徴があります。
それぞれに、ベストな伝え方があります。

■視覚優位（V）

視覚、目で見たモノの感覚が優れている人です。このような方と会話するときは、目に見えるイメージを使って伝えます。

例えば、言葉で説明するよりも、

・実物を見せる
・絵を見せる
・写真を見せる
・図に描く

などしたほうが、理解が早いですし、納得します。

言葉で説明するときは、「○○のように見える」「○○の形をしている」など、視覚に訴えかける表現を使います。

■聴覚優位（A）

耳で感じる聴覚が優れていますので、音の表現で示してあげるといいです。

例えば、

・静か
・音が小さい、大きい
・音が心地よい

などの言葉に反応します。

言葉の「リズム」「スピード」にも影響を受けます。しゃべり方にも、注意を払います。打ち合せ場所は、うるさい場所ではなく、静かな場所などを心がけるといいでしょう。

■体感覚優位（K）

身体で感じる感覚を大切します。

例えば、

・手に持たせてみる
・身体を動かしてもらう
・手を動かして、書く

などに、効果があります。

このような方は、色がキレイ、音が良いなどと説明してもダメです。「どのように感じるか?」が大切です。「重い」「軽い」「気になる」などです。

プレゼンや商談では、映像や図などを見せると分かりやすいと言われていますが、これに響く人は、視覚優位（V）の人です。聴覚優位（A）の人には、音声のほうが良かったりするのです。

展示品を触らせたり、実際に、体験してもらうことで腑に落ちるタイプは、体感覚優位（K）の人です。物ごとの伝え方は、VAKの3つのタイプに分けて話すと、格段に相手に伝わるようになります。

超一流は、相手のメリットをきちんと伝え、三流は、自分の要望をいい加減に伝える

（○）超一流は、相手のメリットをきちんと伝える
（×）三流は、自分の要望をいい加減に伝える

部下に命令するとき、上司の要望を伝えることが多いです。
例えば、

「明日までに会議の資料をまとめておいて」
「来週、全体会議をするから、関係者を集めておいて」
「新人の○○さんに、指導しておいて」

などです。
私は新人のころ、上司にこのような指示をされて、上司が何をしたいのかを理解するまでに、数ヶ月はかかりました。上司の話は、私に伝わっていなかったということです。

これらのやり取りは、何年も上司と部下の関係が続いていて、信頼関係ができているのでしたら、何とかなるかもしれません。そうでない場合は、伝わらないものなのです。

上司が言葉を省略して、いい加減に伝えるのは、良くありません。せめて、「会議の○○の資料を作る」、「○○について教えてあげる」など、具体的に指示すべきです。

必ず、5W1Hで、指示を出しましょう。

What　何を
When　いつまでに
Who　誰が
Where　どこで
Why　なぜ
How　どうやって、どのように

「明日までに会議の資料の○○を、データを使ってまとめておいて」
「来週、全体会議をするから、A部長、B課長、C主任を集めておいて」
「新人の○○さんに、社内端末の使い方を、1日で指導しておいて」

など具体的に指示するのです。

もうひとつ大切なことがあります。

5W1Hの中にある「Why（なぜ）」の部分です。

私が部下のとき、上司から当たり前のように指示を受けましたが、いまいち納得できなかったのは、「Ｗｈｙ（なぜ）」がないからです。なぜか分からないままに、なんでも「はい」と言って、指示を聞いていましたが、今思い返すと、理不尽だったなーと思うのです。

オジサン世代であれば、当たり前のようにこなしますが、部下や非正規社員などは納得しないでしょう。そうなると、言葉は伝わりません。

上司は、理由もつけて、指示を出すべきです。最初の例を使いますと、理想はこのようになります。

「明日までに会議の資料の○○を、データを使ってまとめておいて。データを使うと、上司を説得しやすい資料になるから」

「来週、全体会議をするから、A部長、B課長、C主任を集めておいて。将来、君が上司になったときに、社内の人を動かす力は、必ず役に立つから」

「新人の○○さんに、社内端末の使い方を、1日で指導しておいて。社内の端末が使えるようになると、みんなが仕事を頼めるからね」

このように、上司から伝えられたらどうでしょう。

言葉足らずで、訳が分からない状態で指示、命令されるより、よほど、やる気になると思いませんか。

5W1Hで伝えることは、当然なのですが、その中でも、「Why（なぜ）」の部分を付け加えることで、さらに伝わる言葉となるのです。

超一流は、分からない人には先に教え、三流は、分からなかったら聞いてくるように伝え、聞いてこない相手を責める

（○）超一流は、分からない人には先に教える
（×）三流は、分からなかったら聞いてくるように伝え、聞いてこない相手を責める

研修先で、よく上司の方から相談を受けるのは、**「最近の若者は、上司に聞きにこない！」**ということです。いろいろ話を聞いていると、確かに、若い部下から、話しかけてはこない様子がうかがえます。

上司が困っているのは分かります。ですが、本当に部下が悪いのでしょうか。

上司の話が伝わっていない理由を分析していきます。

多くの上司は、部下に気を使っているのか、自主的に学習をさせようとしているのか、面倒なのか、忙しくて部下の相手をしている時間がないのか分かりませんが、**ほんの少しだけ簡単に教えて、後は、「分からなかったら聞いて！」と伝えて放置するケースが多いのです。**

このパターンの上司は、どの会社にもいます。

上司からしたら、「放置しているわけではない！」という反対意見が聞こえてきそうです。「忙しいから、細かく教えていられない」という意見もありそうです。

ですが、そのままでは、言葉が伝わる上司にはなれません。

三流の上司であればあるほど、聞いてこない部下（相手）を、後から責めて怒ります。分からなかったら、「悩んでないで聞きにこい」と。

上司は、「分からなかったら聞いて！」と伝えているのですが、実は、**部下は「分からないところが分からない」ため、上司に聞きに行くことができないのです。**

伝え方を間違えているのは上司のほうで、部下は間違っていないのです。

このギャップは、どうして発生するのでしょうか？

それは、仕事が分かっている上司の立場から、言葉を伝えているからです。上司は、今の会社で何年働いてきたのでしょうか。上司が、新人のとき、部署を変わったばかりのときは、今のように仕事が分かっていたのでしょうか。

さらには、現代の若者の状況を理解しないといけません。

今の若者は、人とコミュニケーションを取るのが苦手な人が多いのは確かです。子どものころ、親が共働きのため、話す相手がいなかったり、一人っ子のため、話す兄弟姉妹がいなかったりするのです。核家族化が進んでいますので、おじいちゃん、おばあちゃんと暮らしているケースは、少ないです。

ゲーム機器も発達しています。ゲームをしていれば、人と話す必要はありませんから。スマートフォンもありますので、人とのやりとりは、ＳＮＳやＬＩＮＥなどの文字や短い文章です。時代が変わっていて、大人と話す機会が少ないのですね。

ですから、若者の部下から話しにこないことに、文句を言っても仕方ありません。

中国春秋時代の思想家である孔子が、論語の中でこのようなことを言っています。

「わかっていることを知っているという。わかっていないことを知らないという。これが知るということだ」

分からないことを分かっているのが、「知っている」ということなのです。

上司がしなければいけないことは、「何が分かって、何が分からないか」というレベルになるまで、きちんと教えてあげるということです。

物ごとを知らない相手には、教えることが一番なのです。

超一流は、相手の状況を見て指示を出し、三流は、全体の状況を見て命令をする

（○）超一流は、相手の状況を見て指示を出す
（×）三流は、全体の状況を見て命令をする

上司が、全体の状況を見て指示を出す時代は終わりました。

いろいろな年齢、価値観の違い、育った環境の違い、日本人と外国人、正社員・非正規社員の違い、働く時間の長さの違いなど、近年の上司が抱えている部下は様々です。やっている仕事の分担が違う上に、仕事のレベルにも差があり、働く目的も違うのです。

三流の上司は、全体の状況を見て、指示を出してしまう傾向があります。もしくは、仕事が出来る人、頼みやすい人ばかりに、多めの指示を出してしまうことになります。年功序列がなくなったとはいえ、まだまだ、日本の会社は、勤続年数で給料の差がつくようになっています。

部下たちに不公平感を、与えてはいけません。

例えば、営業部の場合ですと、このようになります。

「月末まで、あと1週間です。営業1課の足りない予算500万円を頑張りましょう！」と指示を出すとします。これで終わりの場合は、三流です。

一昔前でしたら、**「みんなで頑張って予算を達成しよう！」**という雰囲気になりました。ですが、大手企業の中には、派遣社員や契約社員の営業マンがいます。**「社員も非正規社員も同等に頑張りましょう！」**では、いけません。

ここからが、超一流上司の腕の見せどころです。
まずは、待遇面でもめぐまれている正社員が中心となって、予算の達成を目指すべきです。
その上で、非正規社員の助けを借りるようにします。

同じ正社員の営業マンの中でも、すでに自分の予算を達成している人と、そうでない人がいる場合、**すでに達成している人に、「さらに頑張って下さい！」というよりは、未達成の人に、「未達成分を頑張って下さい！」と言うべきです。**

生命保険、自己啓発教材、自動車、リフォームなど、営業マンがほぼ同じ商品やサービスを扱っている場合は、「みんなで予算を達成しましょう！」でもいいでしょう。ですが、法人営業のように、お客様の都合にも左右され、それぞれが、扱っている商品やサービスが違う場合は、状況に応じて、営業の方法を変える必要があります。

「Aさんは、訪問する回数を増やして」
「Bさんは、お客様が決断できていない案件を後押ししてきて」
「Cさんは、今月は難しそうだから、来月分の営業をしてきて」

などと、指示を使い分ける必要があります。

給料の違いによる予算の達成具合にも気をつけなければなりません。入社２年目の新入社員と、入社10年目の中堅社員がいて、どちらも予算が未達成の場合は、中堅社員のほうから確実に予算を達成させるべきです。

給料が高い人のほうが予算が未達成では、示しがつきません。

こまかく突き詰めていくと、状況はいろいろあるのですが、目標を達成するのにも、部下一人一人の状況を考慮しないと、部下のモチベーションが下がってしまいます。

全体を見て指示をするのではなく、相手の状況を見て指示を出すようにしましょう。

超一流は、伝わったかどうかを意識し、三流は、伝えたことで満足して本人が忘れる

（○）超一流は、伝わったかどうかを意識する
（×）三流は、伝えたことで満足して本人が忘れる

コミュニケーションの基本は、相手に伝えたかどうかではありません。相手に伝わったかどうかです。

上司は、まず、ここを意識しなければなりません。

多くの上司は、部下や後輩などに伝えたことで満足してしまっています。上司が部下に伝えた内容が、きちんと部下に伝わっていないにもかかわらず、**「この前言っただろう！」「話を聞いているのか！」「この話をするのは何回目だ！」**などと、部下を責めていないでしょうか。

このような言葉が飛び出すということは、上司は、部下に伝えたことは覚えているのでしょ

う。ですが、部下が覚えていないのであれば、伝わっていないのと同じことです。
上司が覚えているのであれば、まだいいほうです。ひどい上司は、部下に話をしたことや、内容の詳細をすっかり忘れてしまっています。上司は多忙なため、何もかも覚えているわけにはいかず、人に伝えたことで忘れてしまうのも仕方ないのかもしれません。
きちんと部下に伝わっていれば忘れてもいいのですが、そうでないから、問題なのです。

「上司は伝えた」
←
「部下には伝わっていない」
←
「上司は伝えたことで忘れた」
←
「伝わっていないから、部下は行動しない」

その結果、何も進んでいない、もしくは、後でトラブルになるのです。

コミュニケーションの目的は、人に話を伝えて、「人に動いてもらう」ことなのです。上司が、部下に話をすることだけではありません。

話を確実に伝えるためには、伝える側の工夫が大切です。上司と部下が、「言った」「言わない」のやり取りをなくすためにも、下記のようなことをすると効果があります。

・部下が不安そうな顔をしたら、再確認をする

話が伝わったかどうかは、部下の表情や動作などに出ます。少しでも不安そうにしていたら、「伝わった？」「意味分かった？」「大丈夫？」などと、確認して下さい。

・話をした後、「分かった」という返事を部下にもらう

部下も忙しいので、話をした後、うなずくだけで、何も返事をしない部下や、適当に返事をする部下もいます。話し終わった後、部下から、必ず「はい」「分かりました」という返事をもらって下さい。

・重要なことは、部下に復唱させる

簡単な内容でしたら、部下も理解できますし、万が一、部下との意思疎通が上手くいっていなかったとしても、あとから挽回できます。ですが、重要な案件の場合は、内容が複雑だったりします。そのため、意思疎通が上手くいかないことがあってはなりません。必ず、部下に伝えた内容を復唱させて、内容を確認して下さい。

・部下がメモを取っていない場合は、メモを促す

大切な話をしているのに、部下がメモを取っていない場合があります。上司から見て、すべて頭に入ったようには見えないのに、メモを取っていない場合は、要注意です。必ず、メモをさせるか、内容を確認して下さい。

・複雑なことは、文書に残す

部下に伝えるのは、言葉だけではありません。難しいこと、複雑なことは、きちんと文章に残す必要があります。部下を呼び出して指示をするのもいいですが、メールで送った後に、言葉で指示を出すといいでしょう。

このように、きちんと部下に伝わったかどうかを意識しなければなりません。コミュニケーションの基本は、相手に伝わったかどうかなのですから。

超一流は、時間がかかっても個々に伝え、三流は、一度に大勢へ伝えるから誰も聞いていない

（○）超一流は、時間がかかっても個々に伝える
（×）三流は、一度に大勢へ伝えるから誰も聞いていない

現代は、情報があふれていますので、情報をスルーする技術が身に付いています。ネットニュース、新聞記事、テレビニュース、SNSでのやりとりから、会社では、上司の指示命令、部下の報告や相談などがあります。手段としては、電話、メール、掲示板、社内報など、情報の嵐です。

そのため、**指示の中に、「主語（個人名）」がないと、自分ごとだとは捉えなくなりました。**全員に向けて発した言葉は、自分ごとではありません。主語とは、「○○さん」「○○くん」など具体的な一人を指します。

マネージャークラスの上司であれば、数人から数十人の部下を持ちます。そのため、個別に面談をしたり、個別に指示をすること以外は、全体に指示を出すのが普通です。

例えば、家電量販店で、店長が「日曜日の本日の売上目標は、1000万円」と朝礼などで指示を出したとします。

社員のほうは、仕事ですので話を聞いていますが、自分に言われているようで、言われていないと思っています。人によっては、一応、努力はするけれど、他にも頑張る人がいるだろうと、自分ごととしては、捉えていないのが実情です。

大型店舗でしたら、たくさんの販売員がいますので、テレビコーナー、パソコンコーナーなどのフロアー長や主任などに、お任せするのが普通です。そのフロアー長や主任は、自分のコーナーで部下に売上の指示を出します。

ここで、売上の指示を出して終わる上司と、個別に話をする上司の差が大きく開きます。全体の指示の主語（対象）は、「みなさん」ですので、複数を相手にしていることになります。

超一流の上司は、全体に指示を出したあとに、個別に指示を出しに行くのです。「主語」は、「〇〇さん」です。

・Ａさんは、パソコン本体が担当ですので、30台の販売をお願いします。
・Ｂさんは、ソフト担当ですので、パソコンにソフトをつけて50個売るようにお願いします。
・Ｃさんは、ブロードバンド回線が担当ですので、30契約お願いします。

などのように、直接話しに行くのです。

これだけで、大きく売上が変わります。

私がパソコンメーカーで働いていたとき、素晴らしい店長さんがいました。その店長は、ある家電量販店の、トップクラスの売上を誇る大型店舗の店長です。本来は、何店舗もの店長を管理するエリア長のさらに上の部長クラスの人でした。新しい店舗のために、わざわざ志願して、店舗に降りてきたのです。

土日になると、営業マンである私は、店舗に販売応援に出向きます。業務を終えて帰るときに、その素晴らしい店長のもとへ、簡単に報告をしにいきました。そのとき、毎回、感謝の言葉と、お褒めの言葉をいただけるのです。

その店長から、感謝の言葉を直接いただけるため、私以外の家電メーカーの営業マンも、かなりやる気になっていました。

上司が、部下にメールする場合も同じです。ＣＣのメールは、たいていスルーです。

ＴＯに、関係者の名前を入れ、部下数人に対して、指示をした場合は、内容は読まれますが、行動はスルーされます。結局、反応がないので、直接、個別に確認しなければいけなかったりします。

これを、一人一人に対して個別に、ＴＯに宛名を入れて、メールをすると、自分ごととして捉えてくれるため、話が伝わり、行動をしてくれるようになります。

結局、時間がかかっても、一人一人個別に伝えたほうが、きちんと伝わるし、行動してくれるようになるのです。

「主語」のない指示命令は、スルーされると思って間違いないです。

第3章

褒め方・叱り方編

超一流は、ミスの原因を探り、三流は、ミスをしたら叱って萎縮させる

（○）超一流は、ミスの原因を探る
（×）三流は、ミスをしたら叱って萎縮させる

部下が仕事でミスをした場合、何らかの注意や指導をすることがあるでしょう。人によっては、キツい言い方をしてしまう上司もいます。注意や指導をすることで、次に問題や失敗を起こさないようにしたい気持ちは分かります。

そのミスが、完全に部下のミスであり、部下に原因があることがハッキリしていれば、叱っても問題ありません。しかし、部下に原因があると思うだけで、もしかしたら、「上司の伝え方」が悪かったのかもしれません。上司がきちんと「指導」していなかったことが問題だったのかもしれません。部下が空気を読むことを期待して、簡単に伝えたことが問題だったのかもしれません。

部下が悪いように見えて、実は、上司のほうに原因があったということは、よくあります。
通常、上司は、そこまで深く原因を追究しないので、部下に問題を押しつけてしまっている場合がほとんどですが。

製造業などでは、工場で製品の不良が起こったときに、二度と不良が起きないように原因を探ります。人為的なミスであれば、製造するための工程表を書き換え、誰もがミスしないような手順書を作ります。人為的なミスが多ければ、人の手をかけないように、機械化を進めたりします。

私が働いていた電子部品メーカーの工場などでも、このように原因の追究をしていました。

トヨタ自動車、トヨタグループ企業では、問題が起こると、「なぜを5回」繰り返し、「なぜそれが起きたのか？」を繰り返し考えます。すぐに思いつく安易な回答ではなく、本当の原因を探ることを目的にしています。

工場などブルーカラーの現場で、徹底的に問題の原因を追究することが、日本の製造業が世界一と言われている所以なのかもしれません。残念ながら、営業、事務、総務などのホワイトカラーの現場では、このようなことが行われていません。

部下がミスをすると、その本人を叱ります。（「怒る」と「叱る」は82ページを参照）
次にミスをしないように注意をします。ですが、注意をしたところで、原因を追究しなければ、また同じ過ちを犯すかもしれないのです。

このようなことが分かっている上司は、部下を叱ることは必要最小限にし、その原因を追究することに力を入れます。三流の上司は、叱り方が厳しいため、部下が萎縮してしまうのです。これでは、叱っても意味がありません。

会社員時代、私の部下で、契約の直前になると必ずお客様から断られる人がいました。営業職で注文が取れないのは、営業マンのミスといえばミスです。その部下は、何度も通って時間を使っているにもかかわらず、契約が取れないのです。

私は、「時間とコストを考えよ！」と叱っていましたが、あまりにも同じミスをするので、もしかしたら、何かやり方に問題があるのではないかと思い、その部下と営業同行をすることにしました。

その部下は、お客様が買う意思を見せているにもかかわらず、商談中に言い忘れたことを、急に、「良いこと」も「悪いこと」も、話し出すのです。これでは、お客様の気持ちが揺れてしまいます。

原因が分かったため、商談中に必ず話さなければならない内容をチェックシートにし、確認させるようにしました。そうしたら、伝え忘れることはなくなり、慌てなくなったため、注文が取れるようになったのです。

居眠りをして、部下が営業車をぶつけたとします。一見、部下の居眠りが事故の原因のように見えますが、トヨタ式の「なぜ5回」をしていくと、違った問題が見えてきます。前の日の残業が問題だったかもしれません。もしかしたら、残業が続き、疲れが溜まっていたかもしれません。その部下だけ、他の人より仕事が多いのかもしれません。そうなると、上司がきちんと管理をしていなかったことも問題であったりします。

部下がミスをした場合は、叱るよりも、根本原因を探り、ミスをしないように修正していくのも上司の役割です。

超一流は、冷静になってさらっと叱り、三流は、感情的になってだらだらと怒る

（〇）超一流は、冷静になってさらっと叱る
（×）三流は、感情的になってだらだらと怒る

自分のミスには甘くても、人のミスには、なかなか寛容になれないものです。
特に、相手への期待が大きいと、期待を裏切られたようで、許せなかったりして、「あれやこれや」と文句を言いたくなります。感情的になる人もいます。

部下に対して、ミスがあったとき、指示した通りに動いてくれなかったとき、みなさんは、「怒りますか？」「叱りますか？」どちらでしょうか。

もしかしたら、「怒る」と「叱る」の違いが分からないかもしれませんね。

怒るとは、感情的になって、自分の腹立ちを相手にぶつける行動。
叱るとは、相手を良くしようとして、注意やアドバイスをする行動。

おそらく、みなさんが部下に注意している行動は、「怒る」ではないでしょうか。罵声を浴びせたり、物に当たったりするのは、「怒る」行動そのものです。

人は、怒られた相手には、必ず、反発します。反論しなくても、心の中には、怒りがこみ上げてきます。そのため、怒ることは、相手にいい印象を与えません。結果的に、怒りながら注意やアドバイスをしても、相手には伝わらないのです。

性格が悪い人ですと、感情的になり、だらだらと怒ります。正直、相手からは、「かなりくどい！」と思われているのではないでしょうか。

一流の上司は、怒りません。相手を叱ります。しかも冷静に。

このような話を、管理職研修やリーダー研修でお話しすると、「怒るのは性格だから仕方ない！」と言う人もいます。ですが、**サッパリした性格だろうが、くどい性格だろうが、部下には関係ありません。**後味を悪くしないためにも、今日から「怒る」ことをやめましょう。

私は、身近な人にはイライラして怒るのですが、そうでもない人には、基本的にイライラしない性格みたいです。家族にはよく怒りますが、会社の部下にはほとんど怒りませんでした。しかし、自分が手をかけて育てていた部下の数人だけは、どうしても感情的に怒ってしまっていました。他の部下には、おそらく、いい上司だと思われていたかもしれませんね。

そんな私ですが、部下の女性営業アシスタントに、キレてしまったことがあります。叱ればよかったのですが、大切なお客様に迷惑をかけていたため、つい感情的に怒鳴ってしまいました。その結果、数日間無視されてしまいました。しかも、その女性だけではなく、他の部署の女性にも無視されてしまったのです。このように、「怒る」と大変なことになります。

よほど、気が長い人でない限り、「イライラ」してしまうことはあると思います。イラッとしたときは、決して怒らず、こらえて下さい。

そのためには、**イラッとしたら、「6秒」待つのです。**

怒りを予防し制御するための心理療法プログラム、アンガーマネジメントという手法でも

「6秒」ルールを学びます。

「6秒」の間は、相手に何かを言ったり反論してはいけません。**人の感情のピークは、最大「6秒」だと言われています。**「6秒」待てば、イライラは収まり、冷静に叱ることができるようになります。

私も「6秒」待つことを覚えてから、イライラしても、人に感情をぶつけなくなりました。感情をぶつけなくなるだけで、争いごとが減ります。

イライラしたとしても、「6秒」待って、冷静になってから叱れば、一流の上司の仲間入りができますから。

超一流は、褒めて相手を2倍動かし、三流は、命令しても思うように動かせずあせる

（○）超一流は、褒めて相手を2倍動かす
（×）三流は、命令しても思うように動かずあせる

上司の目的は、部下を動かすことです。

部下を動かす従来の方法といえば、上司が部下に命令をして動かすことでした。ですが、最近は、部下が思うように動かなくなってきたと感じている人も多いのではないでしょうか。

時代の変化もあり、価値観が変わってきました。命令するだけの、権力をふりかざすような方法では、人は動かせなくなってきました。会社で働く以上、部下は、上司の命令に従うのは当たり前です。雇用の契約にも、「上長の指示に従う」という取り決めがなされていますから。

社歴が長いオジサンは、その雇用契約のおかげで、勘違いするようになってしまいました。

部下は、上司の命令を聞くのが当たり前だと。

表面上、部下は嫌々でも命令には従うのですが、なにせ嫌々ですので、上司の思い通りに動いてくれるとは限りません。問題は、言葉が伝わっていないことで、上司の思ったように「動いていない」ということなのです。命令や指示こそが上司のやり方だと思っている方は、そろそろやり方を見直すべきではないでしょうか。

一流の上司は、褒めて部下を上手に動かします。

褒めると、相手はその気になりやすいです。モチベーションも上がり、自己肯定感も上がります。人を褒めるという行動は、いいことばかりなのです。

この現象を、ピグマリオン効果と呼んでいます。

ピグマリオン効果とは、アメリカの教育心理学者であるローゼンタールが発表した心理学用語で、教師が期待をかけた生徒とそうでない生徒では成績の伸びに明らかな違いが見られた。

もしかしたら、恥ずかしくて、褒めてあげることができない上司の方がいるかもしれません。私が訪問する企業の上司は、褒めることが苦手な人が多かったです。そのような方が多いため、コミュニケーション研修や、リーダーシップ研修などでも、人を褒める練習をしてもらっています。

褒められる側も慣れていないようで、素直に受け取れていない人もいますが、全員が「嬉しかった」「自信になった」と言います。

褒めるという行動が、良い印象を与えることは間違いありません。**命令するより、褒めるだけで、2倍以上、相手を動かすことができます。**ぜひ、この本を読んだ日から、部下を褒めることを実践してあげてください。

では、どんなときに、どのように褒めるのがいいのでしょうか。

能力や才能ではなく、努力やその過程を褒めてください。

スタンフォード大学の心理教授キャロル・S・ドウェックが、子どもたちを、才能を褒めるグループと努力を褒めるグループに分けて問題を解かせました。努力を褒めたグループのほうが、新たな問題に挑戦すると答えたという結果が出たそうです。

キャロル・S・ドウェック教授の実験

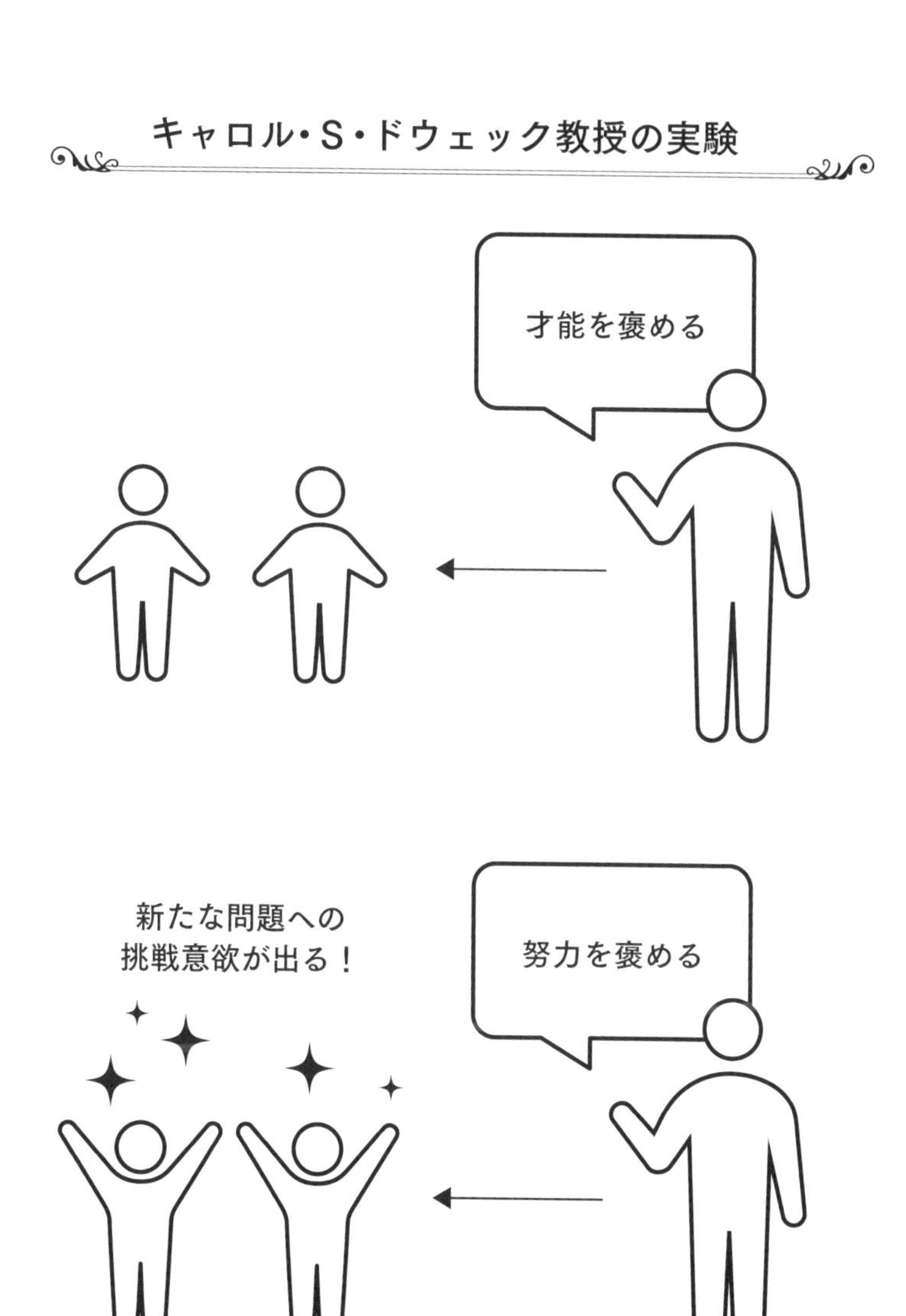

一番簡単なのは、上司の指示した通りに動いてくれたときです。**指示通りに動いて「当たり前」だと思うのではなく、「〇〇してくれたおかげで助かったよ！」とか、「〇〇さんは、動きが速いねー！」とかなどの声がけです。**

簡単でいいので、「ひと言」声をかけてあげて下さい。

次は、何らかの良い結果が得られたときです。

「お客様から、部下の〇〇さんの対応を褒められた」
「〇〇さんに作成してもらった企画書が、評判が良かった」
「〇〇さんの急ぎの対応で、助かった」

などです。

良い結果が得られたときですので、何らかの「お礼」や「軽い褒め言葉」などは伝えているかもしれません。でも、これだけではもったいないです。

もっと褒めてあげて下さい。

「お客様が、〇〇さんの対応の良さを褒めていたよ。次も任せたいみたい」

「○○さんに作成してもらった企画書、完成度が高いよね。あらためて、できの良さが分かったよ！」
「○○さんがいてくれるおかげで、急ぎの対応でも安心。ほんと助かったよ」

ちょっと、工夫するだけですから。

営業マンは、お客様には、調子よく褒めることができるのに、部下などの身内には厳しいものです。お客様は、利益（売上）をもたらす関係だからでしょう。営業マンでなくても同じです。上司には、機嫌取りますから。

今の時代は、身内の部下であっても、褒めてその気にさせたほうが、得策です。結果的に、思うように動いてくれますので、上司の評価も上がりますよ。

部下にも営業しないといけない面倒な時代なのかもしれませんが、文句を言っていても時代は変わりませんから。みなさんが変わりましょう。

超一流は、他人に良い噂を流し、三流は、直接相手を褒める

（〇）超一流は、他人に良い噂を流す
（×）三流は、直接相手を褒める

日頃から、部下を良い気分にさせていますか？

前項でも、部下を褒める効果について説明させていただきました。

上司は、「部下の接待係」ではないという反論が聞こえてきそうです。実際、リーダー向け研修などで、部下の扱い方を指導すると、「部下を甘やかしたくない！」と言われることがあります。

確かに、ホストクラブやお客様の接待ではありませんので、そこまで部下に気を使いたくないと思っているようです。でも、部下が気持ちよく動いてくれる場合と、そうでない場合は、どちらがいいでしょうか？

私なら、部下が気持ちよく動いてくれるほうがいいです。みなさんも私と同じように思われるなら、たまには、部下をいい気分にさせてあげてはいかがでしょうか。

実績を上げたり、よい仕事をしたら、褒めてあげて下さい。

部下を褒めることができる上司は、やっと三流になれます。一流ではありませんよ。褒めることができない上司は、三流どころではありません。まず、部下を褒めることからスタートしなければなりません。

部下を褒めることになった場合、直接、相手に向かって部下を褒めるのが普通です。それ以外の方法は、おそらく、考えたことがないでしょう。残念ながら、この方法では、部下は１回褒められただけで終わってしまいます。せっかくなら、もう少し、部下をいい気分にさせてあげたいものです。

そのためには、他人に良い噂を流すのです。

悪い噂は、噂好きの人が勝手に広めますが、良い噂は、勝手には広まりません。良い噂は広

まるパワーがないだけに、価値があるのです。そのため、上司が、意識をして良い噂を流さなければなりません。

方法としては、次の2つです。

1．人に会う度に、「○○さん素晴らしいよねー」と言い続ける
2．多くの人が集まる場所で、表彰してあげる

1．人に会う度に、「○○さん素晴らしいよねー」と言い続ける方法ですが、他人に良い噂を流し続けていると、その中の誰かが、本人に、「○○課長が褒めていたぞー」などと、本人に話をしてくれます。

その話を聞いた部下は、嬉しくないはずがありません。

直接、褒められるのも嬉しいですが、他人を通じて褒められるのは、もっと嬉しいものです。

しかも、1人ではなく、何人かの人に、「○○課長が褒めていたぞー」と言われることになります。上司が1回だけ褒めるより、効果があると思いませんか。

2. 多くの人が集まる場所で、表彰してあげる

その人が褒められていることを、多くの人に知ってもらうには、たくさんの人がいる前で褒めるしかありません。

ただ、褒めるだけでは物足りないので、賞状を渡したりする表彰制度があるのでしょう。私が会社員で表彰される側のときは、「人前に出たくない！」と思っていたのですが、表彰する側になると、「なるべく、前に出てきて、目立つようにしてあげたい！」と考えるのです。

目立てば目立つほど、人の記憶に残り、表彰された後にも、周りの人から、表彰の話をされますので、本人は恥ずかしいながらも気分がいいはずです。

ちなみに、表彰制度は、時間が経つと、みんなが忘れてしまいますが、良い噂は、わりと長く持続します。

ぜひ、使ってみて下さい。

超一流は、信頼関係がある人を叱り、三流は、そのときの気分で叱る人が変わる

（〇）超一流は、信頼関係がある人を叱る
（×）三流は、そのときの気分で叱る人が変わる

上司が部下を叱る場面は、いろいろあります。
ただ、私からすると、叱る相手が間違っています。

上司は、部下を叱る場合、ミスをしたかどうかが判断基準です。まさか、何もしていない人に対して、叱ることはないでしょうから。

私の経験や、顧客企業の部下の方からのヒアリングによると、〝叱る〟度合い、ここでは〝怒る〟と言ったほうがいいのかもしれませんが、**そのときの上司の気分によって相手が変わったり、言いやすい人に強く当たったりすることがあるようです。**

ミスをした内容、重大さの違いによって、叱られる、怒られる度合いが違うならまだしも、そのときの気分で叱られる、怒られる度合いを変えられては、たまったものではありません。

このように、上司の気分によって叱る相手が変われば、部下は、上司の機嫌を窺うようになってしまい、仕事の重要度の意味が理解できなくなってしまいます。これでは、叱った意味がありません。

一流の上司は、叱る相手を、信頼関係のある人に絞っています。

なぜなら、信頼関係のある人にしか、叱った意味が伝わらないからです。信頼関係のある人であれば、そのときは落ち込んだとしても、叱られたことに意味があることが分かり、これから頑張っていこうと前向きになることができます。

信頼関係のない部下を叱ると、叱られた相手は、叱られたことを悪く解釈するケースが増えます。「なんで自分が叱られなければならないの？」「やっていられない！」「腹が立つ！」となり、ひどい場合は、「会社を辞めたい！」などとなることもあります。

同じ叱るにしても、信頼関係のある部下と、信頼関係がない部下では、言葉の伝わり方、捉え方がそこまで違うのです。

上司のみなさんが、車を購入するときや、住宅を購入するときを考えてみてください。車はだいたい数百万円、住宅は、数千万円の買い物です。家電量販店で、数万円の家電を買うときとは違います。ただ、安ければいいということだけでは、選ばないのではないでしょうか。

担当した営業マンが信頼できる人かどうか、話をしていて感じがいいかどうか、営業マン以外の人の対応がいいか、自分たちの考えを尊重してくれるかどうかなど、様々な要素が絡んできます。

私が営業をしていたときも同じです。個人向け営業では、安さなどが購入の要素になることもありますが、法人向けの営業では、安さだけでは売れません。企業の担当者が、信頼関係のできていない人から購入することは、まずありません。値段が安くても、騙されては困りますので、営業マンの調子のいい言葉だけで買うことはありません。

営業以外の部署の方は、みなさんの会社を訪問してくる営業マンを思い出して下さい。飛び込み営業で訪問してきて、いきなり、「コピー機の値段が安い！」と言われても、その場で買い替えることは、まずないと思います。

購入の検討をするようになるのは、何度も顔を合わせて、信頼できるようになってからです。

普段から、ミスが多くて叱りたい部下がいたとします。**その人を叱る前に、信頼関係がなければ、信頼関係を構築することから始めて欲しいのです。**仕事以外で話ができる機会があれば理想ですが、今の時代、無理に飲み会などに誘うのも気が引けます。まずは、話しかける回数を増やすとか、何か仕事を任せてみて関わる回数を増やすとか、１対１のミーティングの機会を設けてみるとかなどです。

部下を叱るにも、日々の積み重ねが大切なのです。

超一流は、叱ったあと3倍褒め、三流は、叱ったあとミスを水に流して忘れる

（○）超一流は、叱ったあと3倍褒める
（×）三流は、叱ったあとミスを水に流して忘れる

最近の上司は、部下に**「物を言わなくなった」**と言われています。

あまり、ガミガミ言うと、部下に嫌われることもありますし、良かれと思って注意したことが、相手にとっては怒られたと捉えられてしまい、その後の関係が気まずくなることもあるでしょう。

怒り方の度が過ぎると、パワハラで訴えられます。男性が、女性の部下に注意をすると、セクハラだと言われることもあります。

今の若手社員は、人から注意されることに慣れていません。そのため、若手社員に厳しく接

すると、次の日から会社を休むなんてことは日常茶飯事です。下手をすると、その親から電話がかかってくることもあります。上司にとって、悩ましい問題です。私もよく相談を受けます。

学校で教師が生徒に対して、厳しく指導することはなくなりました。やり方によっては、体罰になってしまいます。両親が共働きであることも多く、子どもと接する機会も減りました。親が子を叱ることも減ってきました。

部下の扱いに困る時代です。

ですが、部下のために、会社のために、自分の部署のために、お客様のために、どうしても、部下を〝叱らないといけない〟ことが出てきます。（「怒る」と「叱る」の違いは、82ページ参照）

部下には自分の間違いに気づいたり、成長してもらわなければなりません。

お客様からのクレームは、部下に伝えなければなりません。

将来、会社が成長するためには、部下に主要ポストを任せなければなりません。そのためには、多少、厳しく教育することも必要となってくるのです。

上司として、部下を叱る必要は、必ず出てくるのです。

叱るのが悪いのではなく、叱ったあとの対処が悪いからダメなのです。叱ったあとに、超一流と三流の上司の差があります。

世界№1の総合モーターメーカーである日本電産の創業者　永守重信さんは、著書『人を動かす人になれ』（三笠書房）の中で、このように述べています。

「いくら部下であっても所詮は他人、叱る場合のルールはある。その第一番目が、最低でも叱った三倍はアフターケアをすること」だと。

日本電産は、M&Aをしながら急成長した会社で、厳しいことでも知られています。このご時世でも、業績を上げ続けているということは、優秀な社員が育っているということです。

叱ったあとにフォローをすることで、「あなたのためを思って叱った」ということが伝わるようになります。しかも、アフターケアは3倍です。叱った社員をフォローするのにも、文字に残すと良いそうです。**言葉では、1回しか伝わりませんが、文字にすると、何度も見直すことができるからです。**

私は、この方法を、いろいろな上司にアドバイスしてきました。「なかなか、叱ることができなかったが、叱ることができるようになった」とか、「叱ったあと気まずくなっていたのが、フォローすることで信頼が増した」などと、報告を受けるようになりました。

かなりの効果がある方法です。

逆に、三流の上司は、叱ったことを忘れてしまいます。ネチネチと、長期間に渡って、部下に文句を言うよりは、サッパリしていていいのですが、叱ったあとの「気まずい感じ」は残ったままです。

感情的に怒るのは良くありませんが、部下のために叱ることは必要なのです。**叱ったあとは、きちんとフォローしてあげて下さい。**

そのようにすると、叱ったあとで、さらに部下が動いてくれるようになりますから。

超一流は、「Iメッセージ」で話し、三流は、「Youメッセージ」で話す

（○）超一流は、「Iメッセージ」で話す
（×）三流は、「Youメッセージ」で話す

部下に指示を出すとき、アドバイスをするとき、「言葉が伝わっていない」「行動してくれない」と感じることはありませんか？

これは、伝える言葉が、上司の立場、すなわち上司目線、になっていることから起こります。

おそらく、多くの上司が下記のような指示や、アドバイスになっているはずです。

■期日までに、お願いした書類ができていない

上司の言い方：

もう期限が過ぎているだろー！

お願いした書類、どうなっている！
提出は、今日までと伝えていなかったか？

■営業マンの訪問件数が足りない
上司の言い方：
今月、何件訪問したのだ！
全然、訪問件数足りていないではないか！
会議でみんなに伝えただろー！

■部下に任せたイベントの途中報告がない
上司の言い方：
イベントの報告はどうなっているのだ！
途中経過くらい報告しろよ！

これは、上司目線になっている伝え方なのです。これを、**「Ｙｏｕメッセージ」**と言います。
アクションの主体（主語）が、「あなた」になっているのです。

Ｙｏｕメッセージである、

「もう期限が過ぎているだろー！」

は、次のように相手に伝わります。

「あなたは、もう期限が過ぎているのに気づかないのか！」

となります。

なかなかキツい言葉であることが分かります。

これは、いけません。

「Ｙｏｕメッセージ」で言葉を伝えると、相手は必ず反発します。

「イラッとする」「許せない」「納得できない」「そんな言われ方したくない」など、相手に嫌な印象を与えてしまいます。

この言葉とは逆の言い方を、**「Ｉメッセージ」**と言います。こちらは、**アクションの主体（主語）が「わたし」になっている言葉です。**

◇Ｙｏｕメッセージ

あなたは、○○ですね。

◇Ｉメッセージ
私は、〇〇と思います。

先ほどの指示やアドバイスを、Ｉメッセージに直します。

■期日までに、お願いした書類ができていない
上司の言い方：
もう期限が過ぎていると思うけど
お願いした書類、どうなっているか教えてくれる？
提出は、今日までと伝えていたと思うのだけど？

■営業マンの訪問件数が足りない
上司の言い方：
今月、何件訪問したのか教えてくれる
全然、訪問件数足りていないようだけど、どう？
会議でみんなに伝えたよ

■部下に任せたイベントの途中報告がない

上司の言い方：

イベントの報告をまだ聞いていないけど、どう？

途中経過くらい報告して欲しいなー

Iメッセージである、

「提出は、今日までと伝えていたと思うのだけど」

は、次のように相手に伝わります。

「わたしは、提出は、今日までと伝えていたと思うのだけど」

となります。

話を聞いてみようと思う内容であることが分かります。

Youメッセージから、Iメッセージに変えるだけで、これだけ、相手に伝わりやすくなるのです。

上司は、絶対に、Iメッセージを使うようにして下さい。

第4章

アドバイス編

超一流は、先に自分が変わり、三流は、変わらない相手を変えようとムダに悩む

（○）超一流は、先に自分が変わる
（×）三流は、変わらない相手を変えようとムダに悩む

上司のみなさん、一生懸命、部下を変えようとしていませんか？
変わらないから、イライラしたり、怒ったりしていませんか？

どちらにしても、時間のムダです。

私も、変わらない相手を変えようとして、相当悩んできました。
仕事だけではなく、仕事以外でも、みなさん同じことをしています。

例えば、
・付き合っている彼氏、彼女、もしくは、旦那さん、奥さんを変えようとしていませんか？

・子どもが親の言うことを聞くように、変えようとしていませんか？
・家電や服など、物を買ったお店の店員を変えようとしていませんか？
・コンビニ店員の態度に怒っていませんか？
・駅員の態度に、腹を立てたことはありませんか？
・お客様相談センターに電話して、文句を言っていませんか？

これは、数年前までの私の姿です。

いつも、相手を変えようとして、イライラしていました。社会人として、相当ひどい態度であったなら、相手のため、相手の会社のためになったかもしれませんが、よく考えると、そこまでひどくないのに怒っていたのです。ほんの些細なことが気になって、文句をつけていたのですね。

結局、私がここから得た物は、何もありませんでした。怒った相手を嫌な気分にしてしまったかもしれません。私がイライラしてしまったせいで、人に当たったこともあります。

仕事では、こんな感じです。

・態度の悪い取引先の担当者を、何とかあらためさせようとした
・お客様からの評判が悪い事務社員を辞めさせようとした

・年上の部下から、年下の部下まで、仕事のやり方を変えようとした
・最後には、自分の上司の考え方を変えようと試みた

まだまだありますが、結局、誰も変わりませんでした。私は、相当疲弊しました。

ちょうどそんなとき、下記のような言葉を見つけたのです。

他人と過去は変えられないが、自分と未来は変えられる

エリック・バーン（カナダの精神科医）

過ぎ去った過去を変えることができないので、これからの未来を考えましょうという内容はすぐに理解できました。他人は変えられないので、自分が変わったほうが早いというのは、なかなか理解できず、よく衝突していました。

そんなとき、私と、相当やりあった部下から、私に対して**「昨日は、すみませんでした。私**

の考え方を変えてみます！」と歩み寄ってきたのです。てっきり、当分、口をきかない間柄になってしまうのではないかと心配していたのです。

わざわざ部下から話しかけにきたことは、相当な覚悟が必要だったと思います。上司が変わろうとしないのに、部下が自分から変わると言ってきてくれたことに感動しました。

そのときに、「自分が変わろう！」と心に決めたのです。

それから、相手を変えようとすることはやめました。自分や世間の当たり前から、離れてみることにしたのです。

「いつも報告してこない！」と怒るのは、社会人としては当たり前だという価値観がありま す。ですが、部下に怒って無理矢理にでも報告させようとするのではなく、「報告してこない」何らかの理由があるのではないかと考えるようになったのです。

- **私の伝え方があいまいだった**
- **きちんと期日を決めていなかった**
- **命令をしていたから反発していた**

・報告するかしないかは、人のタイプも関係していた

など、問題点がたくさん出てきたのです。

私の視点が変わってから、命令することもなくなりましたし、報告の期日を決めるようにし、あいまいな言葉で伝えることをやめました。

自分ができることは、すべてやったのだから、それ以上どうしようもない。「あとは、相手を信頼するしかない！」というように気持ちが切り替わりました。

自分が変わると、部下が、「報告してこなかった」としても腹は立たなくなりましたし、必要なときは、言葉を選んで、こちらから確認すればいいのです。何度もそんなことを繰り返していると、部下が、報告が必要なのだと気づき、自分から報告してくれるようになりました。

もしくは、何度も何度も聞かれるので、自分から報告したほうが早いと思ったのかもしれません。

「報告をしない」など、一見、部下の方に問題があるように見えることでも、結局は、自分に

も問題があったりするのです。自分を変えようとせずに、相手だけを変えようとしてもムダなのです。相手も分かっています。上司が理不尽なことを。

他人と過去は変えられないが、自分と未来は変えられる！

繰り返しますが、この言葉にすべてが集約されています。

超一流は、人を使ってアドバイスをさせ、三流は、直接アドバイスをする

（○）超一流は、人を使ってアドバイスをさせる
（×）三流は、直接アドバイスをする

部下にアドバイスをする場合、上司が直接アドバイスすることがほとんどでしょう。急ぎの内容などでは、直接アドバイスしたほうが早いですから。

ほとんどの上司は、わざわざ、人を使ってアドバイスをさせることなど、考えたこともないかもしれません。人を使って褒めると効果がある（92ページ参照）のと同じように、**人を使って間接的に伝えるのも、かなり効果がある方法です。**

直接アドバイスや注意をするとなると、上司のそのときの気分に左右されることがあります。「褒める」ときは、なかなか恥ずかしくて、相手に伝えられませんし、「叱る」ときは、つい、感情的になってしまいます。日本人の典型的な、ダメなパターンです。

私も人のことは言えませんが。

上司と部下がお互いに身近に感じられる職場（規律もほどほどで、話しやすい雰囲気がある）であればいいですが、距離が遠いと感じる職場（規律が厳しく、上下関係が強い）であれば、部下が遠慮してしまうようなこともあります。もしかしたら、上司の前だから「はい」と言っただけなのかもしれません。

どうしても、上司と部下のあいだには、上下関係などが発生してしまいます。言葉が伝わったかどうかよりも、社会の規律のほうが重んじられてしまうのです。

三流の上司は、部下に伝えたことで、「自分の役目は終わった！」と考えてしまいます。本当に、相手に伝わったのであれば、上司のアドバイスを受け入れ、行動が少しでも変わるはずなのですが、変わっていないときは、相手に言葉が伝わっていないのです。

伝えただけで、「自分の役目は終わった！」というのは、間違っています。相手の行動した結果を見て、伝わったかどうかを判断しなければなりません。

そんなとき、一流の上司は、ひと工夫します。

部下にアドバイスをするときは、なるべく、経験年数、年齢、性別など、本人に近い立場の先輩などを使って、アドバイスをしてもらうのです。

人を使ってアドバイスさせるのです。

例えば、男性の上司が、女性の部下の服装や化粧が気になったとしても、直接、指摘をすることは少ないでしょう。じろじろと見るわけにもいかず、下手なことを言うと、セクハラにもなりかねません。もし、自分の部下の中に、別の女性がいれば、その女性を通じて話してもらったほうが得策だと分かっています。部下に女性がいない場合などは、他部署の女性にお願いするのもいいでしょう。

女性の外見に関することは、女性から話すほうがいいのです。

私が会社員のとき、今どきの新人が入社してきました。自分からなかなか動くことはなく、完全な指示待ち人間です。営業マンですから、担当先を与えましたが、なかなか外出しませんし、社内にいても、電話は取りません。宅急便が来ても、知らぬふりです。そのため、女性事務員たちからも大クレームでした。

私が話してもあまり聞いていないため、３年ほど先輩にあたる男性営業マンに、私の言葉を代弁して伝えてもらいました。やっと、理解できたようで、前よりは少しだけ動いてくれるようになりました。

私は、毎日、毎日、小言のように「電話を取れ」「客先に行け」「自分から動け」と、同じことを言っていたのですが、きちんと伝わっていなかったようです。

数年前の話ですので、今の新人はもっと指示待ちがパワーアップしている感じです。

このように、相手の気持ちを一番理解しやすい立場の人に頼んで、アドバイスをしてもらったほうが、相手に伝わります。人を通じて、アドバイスをするのが一番です。

超一流は、アドバイスを「褒められた」と思わせ、三流は、アドバイスを「怒られたと」思わせるから伝わらない

（〇）超一流は、アドバイスを「褒められた」と思わせる
（×）三流は、アドバイスを「怒られたと」思わせるから伝わらない

私が、良かれと思ってアドバイスしたことが、実は、「怒られた」と相手に思わせていることに気づいたのは、ここ最近のことです。

私が普段の生業としているセミナー講師、研修講師などの講師業は、自分が相手にどう映っているか、どう見えているかは、自分では分かりません。そのため、鏡となってもらえる人の存在が必要です。

鏡となるのは、参加者のアンケートもありますが、私の講座を後ろで見ている主催者の方、研修エージェントの方のフィードバックがとても重要になってきます。自分を客観的に見るには、振り返りを行い、良くなるように修正をしなければなりません。このようなことをしなけ

れば、講師の品質が上がっていかないからです。

私が講師を始めたばかりのときは、このフィードバックがとても厳しく感じられ、精神的にきつかったです。

「受講生との信頼関係を作る工夫が足りない」「最初の導入部分の入り方が悪い」「ワーク開始時の意識付けが足りないから、落とし込めていない」などなど、厳しい言葉の連続で、自分が否定されているようにしか聞こえなかったのです。

あるとき、この仕事に耐えきれなくなり、フィードバックをしてくれた先輩に、「私へのクレームはやめて下さい！」と伝えました。そのときに言われた言葉が、「フィードバックがクレームと感じるなら、この仕事は辞めなさい！」でした。

この講師の仕事を何とか続けることができましたが、「もし、あのとき、途中で辞めていたら、どういう人生を歩んでいたのだろう……」と考えることがあります。

伝えるほうは、相手が良くなるように、仕事のレベルが上がるようにアドバイスをしているのですが、言われたほうは、厳しいことを言われ、怒られたと思っているわけです。

このような捉え方の違いは、よく起こります。

あなたが働く会社の日常でも、よくあることではないでしょうか。

仕事ですし、部下が少しでも早く、能力を上げることができれば、リーダーである上司の仕事はまわるようになり、会社に貢献できるようになります。つい、厳しい言葉が出てしまうことも多いでしょう。

同じことを伝えるのに、**言い方次第で、「褒められた」と思わせることもあれば、「怒られた」と思わせることもあるのです。**

缶コーヒーを真上から見ると、丸に見えますが、真横から見ると、長方形に見えるのと同じで、物ごとを、どちらの方向から見て伝えるかで、大きく変わるのです。部下の受け取り方がすべてなのですが、前向きに捉えることができる人はごくわずかです。上司が工夫をしてあげた方が早いです。

どうせなら、部下に「怒られた」と思われない言い方をした方が得策ではないでしょうか。上司の方が知恵を使って、裏であやつる感じですね。

先ほど、私がフィードバックを受けた言葉を、「怒られた」と思わせない言い方、伝え方に変えてみます。

（×）受講生との信頼関係を作る工夫が足りない　←
（〇）いろいろ工夫をしていたね。信頼関係ができると満足度が上がるから、もっと評価がよくなるよ。そのためには、〇〇してみてはどうかなー。

（×）最初の導入部分の入り方が悪い　←
（〇）最初の入り方は難しいから、次回から、研修の前に、２人で相談して、何を話すか決めようか。

（×）ワーク開始時の意識付けが足りないから、落とし込めていない　←
（〇）今日は、ワークの説明が短かったね。ワークを始める前に質問が出たのは、〇〇の言葉

が足りなかったのが理由だと思う。でも、他は良かったよ。

というような感じです。

上司のゴールは、部下にちゃんと伝えて動かすことです。そのためには、伝わる言葉で話したほうが、相手が動く可能性は何倍も高まります。

相手に「怒られた」と思わせないように、工夫してアドバイスをしてあげましょう。

超一流は、ミスから相手に考えさせ、三流は、答えを教えて自分がラクをする

（○）超一流は、ミスから相手に考えさせる
（×）三流は、答えを教えて自分がラクをする

上司は、自分がラクをしたいものです。

部下がミスや失敗をしたら、答えを教えてしまったほうが、ラクです。ですが、この方法では、また違う問題が出てきたときに、部下がミスや失敗をすることになってしまうのです。

あまり、部下に懇切丁寧に関わっていては、上司からの指示や、部署の目標達成などが疎かになってしまうと心配する気持ちも分かります。

そんな偉そうなことを言っている私ですが、「自分でやったほうが早い病」が抜けきれず、起業した今でも、自分でこなすことのほうが多くなってしまっています。自分で何でもできる器用な人が、特に、このスパイラルに陥ってしまうようです。

自分で仕事をしていると、外注した場合の費用対効果も考えなければなりませんが、会社という組織で働いているのであれば、一般的な仕事はできる人に任せて、上司は自分にしかできない仕事に注力しなければなりません。

会社員時代も、なかなか人に任せることができずに、自分だけが仕事を抱えてしまって、自分一人だけ疲弊してしまったことがあります。

そんなときに、周りを見渡すと、自分だけが忙しそうに見えるのです。実際、周りの人よりも、自分のほうが、仕事量が多かったのは確かです。今になって振り返ってみると、上司という立場ですので、もう少し部下を信用して、仕事を任せても良かったのではないかと反省しています。

自分が仕事をしすぎて、体調を崩したときに、自分一人の力は大したことがないことに気がつきました。**自分がいなければ、会社は回らないと思っていましたが、自分一人が欠けても、ほとんど問題はありませんでした。**少し休んでいる間にも、部下が自分の代わりに仕事をこなしてくれていたのです。

自分でやったほうが早いのは確かです。自分の思う通りに部下に、動いてもらえるようになるためには、時間をかけて、部下とかかわる必要があります。この時間を大切にするかしないかで、その先の部下の動きに影響してくるのです。

今、ラクをするか、あとで、ラクをするかの違いです。

私が関わっている企業で、部下を上手に育てている会社は、部下に「答えを教えない」のです。

世界に通じるメソッドでおなじみの学習塾である公文式学習法でも、生徒に答えを教えず、自分で考える力をつけさせています。

とにかく、学校の勉強で、我々は、問題を解く、先生は、答えを教える、ということを繰り返してきました。そのため、日本人のほとんどは、すぐに答えを欲しがります。考えさせる教育を受けてこなかったのです。

企業研修でも、受講生に考えさせる工夫をしているのですが、「答えを教えてくれ！」と言ってくる受講生もたくさんいます。

会社の仕事には、決まり切った答えはありません。その人の捉え方によっても、問題の大小は変わりますし、人とのかかわり方も、いろいろな方法があります。まずは、自分で考えさせて、自分で判断をさせて、自分で行動させなければ、気づくことはないでしょう。

部下が、ミスや失敗をしたときは、このように質問をしてあげてください。

「なぜ、そのミスが起こったと思う？」
「ミスをした原因はどこにある？」

このような質問で、問題が起こった原因を考えさせます。

次に、

「どうすればいいと思う？」
「あなたは、どうしたいの？」

このような質問をしていくと、人のせいにしていたことが、自分ごととして捉えられるようになり、自分で物ごとを考えるようになります。

最初は時間がかかりますが、部下が自分で状況判断をして物ごとを考えられるようになり、自立すれば、結果的に言葉が伝わるようになります。

超一流は、部下のタイプを理解することから始め、三流は、その都度対処することを考える

（○）超一流は、部下のタイプを理解することから始める
（×）三流は、その都度対処することを考える

高度成長期のときは、自分の個性よりも、その場の状況に合わせる時代でした。そのため、上司は、その都度、状況を見て指示を出したり、話を聞いたりして対処していました。

ですが、**今では、働く人々が同じ方向を向いていません。別々の方向を向いています。**そのため、人の個性が前面に出てきており、ワガママな時代です。今までが、人に合わせすぎたので、自分らしさが表現できる時代になったとも言えるでしょう。

上司が部下に、同じ内容を伝えたとしても、話が通じる人と、通じない人が出てきてしまうのです。これには、人が持つタイプが大きく影響しています。世の中には、様々なタイプ分け理論がありますが、ここでは、私がよく使っているタイプ分け手法をお伝えします。

以下の４つのタイプに分類したソーシャルスタイルです。

Social Style（ソーシャル・スタイル）とは、１９６８年、アメリカの産業心理学者、ディビッド・メリル博士が提唱したコミュニケーション理論です。自己主張度を縦の軸、感情表現度を横の軸とし、組織や対人関係における行動スタイルを４つに分類したコミュニケーションのパターン、癖のことです。分かりやすくするために、自己主張の度合いを「能動的」か「受動的」、感情表現の度合いを「理性的」か「感情的」と分類してみます。

1．成果主義の権力タイプ（能動的で理性的）

合理的に目的を達成させたい人で、社長、リーダー気質です。人から指示、命令されるのを嫌います。自分が権力を握りたい人です、決断も早く、プロセスよりも結果や成果を重視します。

2．ノリが良い社交的タイプ（能動的で感情的）

社交的で行動力もあり、エネルギッシュです。性格は明るく、サービス精神旺盛で、ノリが良く、自分が注目されたい人です。飽きっぽく、地道な努力が苦手なタイプです。

3．平和主義のいい人タイプ（受動的で感情的）

みんなのことに気を配る平和主義タイプで、いわゆる「いい人」です。周囲の気持ちに敏感

ソーシャルスタイル理論

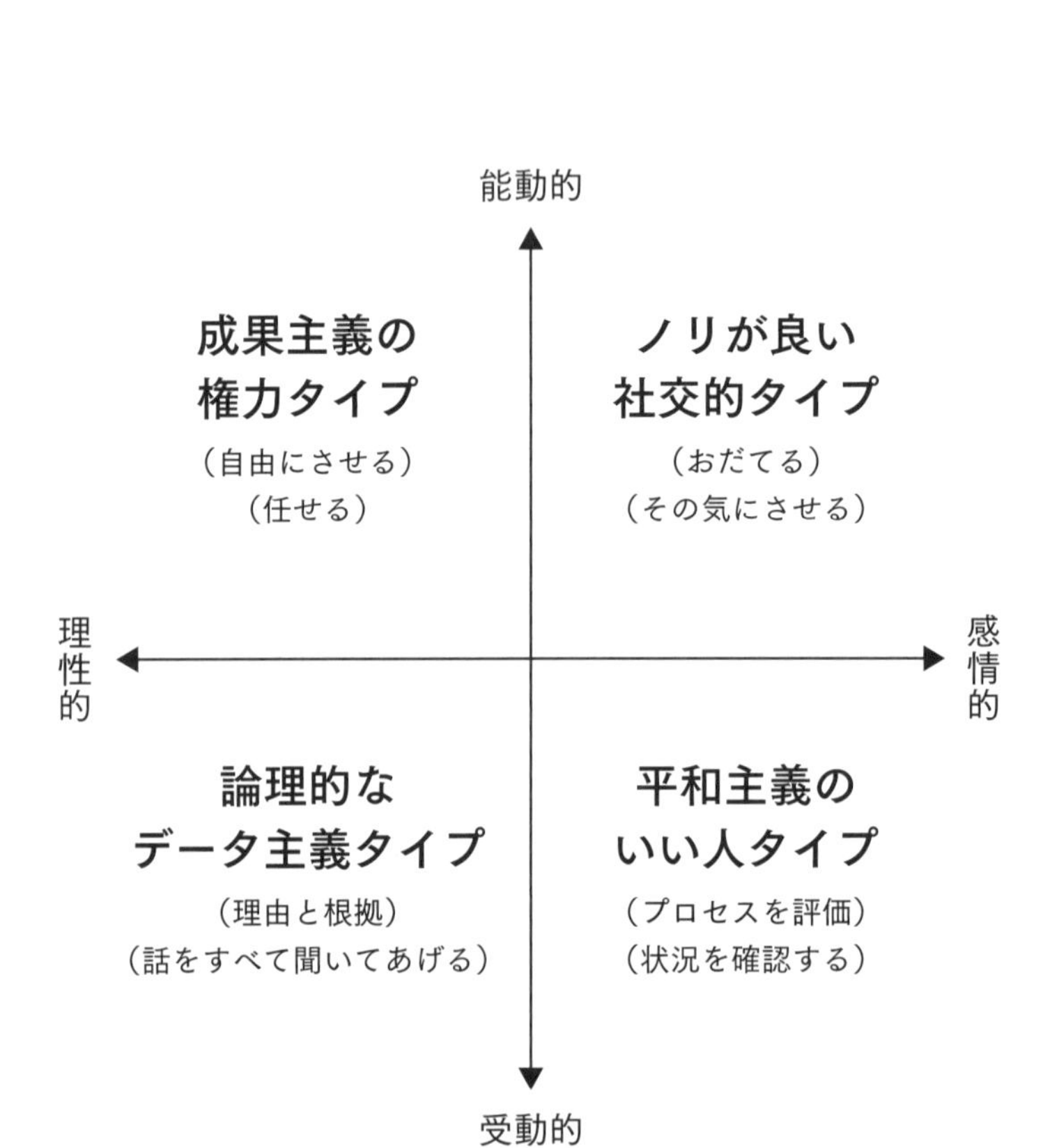

で、ビジネスよりも人そのものを優先したりします。周囲の状況によっては、自分の気持ちを抑える傾向にあります。

4．論理的なデータ主義タイプ（受動的で理性的）

理屈、データを大切にする人です。数値や状況から、分析するのを好み、データを分析してから行動を起こしたりします。感情は表に出さず、完璧主義なところもあります。

部下のタイプ別扱い方ですが、このようにすると話が伝わり、動いてもらえるようになります。

1．成果主義の権力タイプ（能動的で理性的）

とにかく、束縛されるのが嫌いなため、仕事を任せて、自由にさせておくのがいいです。目標達成の意識が強いため、仕事をやり遂げようとします。逐一、報告を求めたり、細かく管理すると、話を聞いてもらえなくなります。

「結果」を評価してあげるといいでしょう。

2．ノリが良い社交的タイプ（能動的で感情的）

社交的でノリが良いので、場を盛り上げるタイプです。雰囲気が明るくなるので良いのですが、「場所をわきまえろ！」などと注意してしまうと、テンションが下がってしまいます。地道な努力が嫌いなので、気分によるむらがあっても、注意しないことです。「おだてる」「その気にさせる」のが一番。

3. 平和主義のいい人タイプ（受動的で感情的）

とにかく、人がいいです。反抗はしません。なんでも「はい」「分かりました」というわりには、決断力がないので、決められなかったりします。ここで怒らないことです。平和主義なので他の人と揉めることはありませんが、我慢しているので、ストレスをためやすいです。「その後どう?」など状況を逐一確認し、「プロセス」を評価してあげましょう。

4. 論理的なデータ主義タイプ（受動的で理性的）

ノリと勢いで伝えても、論理と根拠がしっかりしていないと、言うことを聞いてくれません。やる前の言い訳も多いです。データと数字を使って、きちんと伝える必要があります。数字に強いため、書類のミスなどはありません。「理由」「根拠」を示し、話をすべて聞いてあげる必要があります。

それぞれのタイプを知ることで、部下を上手に動かすことができるようになります。

超一流は、過去、未来と時間軸を考えて話し、三流は、現在の状況でしか判断できない

(〇) 超一流は、過去、未来と時間軸を考えて話す
(×) 三流は、現在の状況でしか判断できない

仕事は、現在の状況がどうなっているか知ることが大切です。

現在の状況が芳しくなければ、その対策を考える必要があります。

ですが、上司であるあなたが、現在の話をしているときに、部下の中には、過去のことばかり話す人や、未来のことについてばかり話す人がいたりします。

そんなとき、上司はイライラしたり、怒ったりするものです。これでは、三流ですね。

時間軸は、現在だけではなく、過去から未来までを含めて、1つの時間軸と考えることができます。**超一流の上司は、時間軸を過去から未来まで、大きく動かすことで、部下を動かして**

いくのです。

人には、考え方のタイプがあります。

未来のことを考える「未来志向型」の人、過去のことを考える「過去回帰型」の人がいます。それぞれタイプが違います。

未来志向型：未来のことを考えるのが得意。未来のことを考えているとワクワクする。
過去回帰型：過去のことを振り返るのが得意。過去から学ぶことができる。

現在の状況を伝えるにも、「未来志向型」には、未来をどうしたいから、現在をどうするのかという、「未来→現在」に思考を持ってくると、理解してもらいやすいです。

例えば、

「新事業の新しい企画を考える」とします。


このときに、未来志向型の人を動かすには、

「どのような企画にしたいの？」

「どうなるとワクワクする？」

「頭に浮かんだこと、何でもいいので出してみて」

「採算は度外視して、アイデア出してみて」

という質問に対して、どんどん形にしていきます。


逆に、「過去回帰型」には、過去をどのように振り返って、現在をどうするのかという、「過去↓現在」に思考を持ってくると、理解してもらいやすいです。

同じように、

「新事業の新しい企画を考える」とします。


このときに、過去回帰型の人を動かすには、

「過去のうまく行った成功事例ある？」

「今までの企画で修正するといいことは？」
「今までの失敗点を選び出してみようか」
「今までの企画でいい点だけ選び出してみようか」
という質問に対して、どんどん形にしていきます。

上司は、自分が得意な考え方を部下に押しつけようとします。
私などは、「未来志向型」ですので、未来のことを考えているとワクワクするのですが、「過去回帰型」の人からは、そんな夢みたいな企画ではと、否定されてしまったことが多々あります。

私は未来のアイデアを出すことが得意なのであって、過去の分析をして振り返るのは、あまり得意ではありあせん。

部下の一番やりやすい方法で、力を発揮してもらえばいいのです。**未来がよくて、過去がダメとか、突拍子もない未来の夢はよくないなどは関係ないのです。**

部下が「未来志向型」か「過去回帰型」を見分けるには、普段の会話を注意深く観察していれば分かります。

「未来志向型」は、「未来」のことをよく話します。
「過去回帰型」は、「過去」のことをよく話します。

普段から、どれだけ部下を注意深く観察しているかですね。

第5章

コミュニケーション編

超一流は、自分たちの時代を語らず、三流は、自分たちの過去の栄光を語る

（○）超一流は、自分たちの時代を語らない
（×）三流は、自分たちの過去の栄光を語る

この本を読んでいるみなさんに質問です。

下記の震災を、年代別に並べ替えてみて下さい。

・**阪神・淡路大震災**
・**関東大震災**
・**熊本地震**
・**東日本大震災（東北地方太平洋沖地震）**

おそらく、みなさんは、間違いなく答えられたことでしょう。

実は、部下には、この区別が分からない人もいるのです。みなさんの中で、関東大震災の時代に生きていた人はいないと思いますが、阪神・淡路大震災、熊本地震、東日本大震災は、ニュースなどで見聞きしている経験があるから分かります。中には、その場にいて、大変な思いをした方もいるでしょう。

勉強している人は別として、今の若者は、関東大震災、阪神・淡路大震災を経験していないか、生まれていても小さかったので、どちらが先なのか分からないのです。もうしばらくすると、東日本大震災を知らない年代が社会に出てきます。

このように時代は、変わっているのですね。

先ほどの正解ですが、

関東大震災　１９２３年（大正12年）９月１日
阪神・淡路大震災　１９９５年（平成７年）１月17日
東日本大震災　２０１１年（平成23年）３月11日
熊本地震　２０１６（平成28年）年４月14日

上司のみなさんには当たり前の出来ごとであっても、今の部下には分からない言葉なのです。

年代によって、生きてきた環境が違うため、価値観がバラバラです。年代別に価値観をまとめてみると、このようになるのではないかと。

65歳以上（高度成長期）　我慢すればいいことがある
50歳以上（バブル世代）　勢いで何とかなる
40代（就職氷河期）　今さら、家族もあるし……
30代（ゆとり世代）　まあ、こんなもんでしょ
20代（さとり世代）　ムリして働きたくない
10代（SNS時代）　お金よりも、自由

「今の若者は……」「ゆとり世代は……」「さとり世代は……」と、オジサン世代の上司が言っているのをよく耳にします。よく考えてみれば、みなさんは、若者からも同じようなことを言われているのです。

会社での上司は、**「バブル世代」**だとか、定年を過ぎたその上の世代は、**「年金逃げ切り世代」**などとも言われていることに気づくべきなのです。

毎年、新入社員に営業の基本研修を行っているのですが、最近の若者に向けた事例にも頭を悩ませます。営業を知らない若者を相手にするときは、「売る」「説明する」というところに頭が行ってしまうため、簡単には売れない「高額商品」を例に出して、「どうしたら買ってくれるのか?」を想像させて、売り方を考えてもらいます。

その前に、私が見本を見せるのですが、そのときの事例に何を使うかが、悩みどころなのです。女性の方にはブランド物バッグを例にすると、**「ブランドバッグは欲しくないです!」**と言われたり、男性の方には高級車を例にすると、**「値段の高い車は買いません!」**などと言われてしまい、困ったこともあります。

大学生にも講義をしているのですが、そこでも、時代の移り変わりを感じます。大学生は、音楽を聴くことが趣味の人も多いです。そこで、「何で音楽を聴くのか?」という話題になります。そこで私は、若者には興味がないと分かっていながら「ミニコンポ」を例に出してみました。

そこで、何と言われたと思いますか?

「ミニコンポって何ですか？」です。

オジサン世代の代名詞であった「ミニコンポ」は、知らない人もいるのです。てっきり、興味がないだけだと思っていました。大きさとか音質とかを説明していたら、**「場所を取ってジャマですので、必要ありません」**と言われてしまいました。

オジサンの上司がよく言っている、「昔は、よく飲みに行ったものだ」「俺たちの時代は、何時まででも働いたものだ」「休みの日は、上司や先輩とゴルフに行ったものだ」という、「昔は……」「俺たちの時代は……」というのは、もうやめませんか？

過去の話をしても、若者には興味はありませんので、言葉は伝わりません。伝わらないどころか、嫌われるだけです。あまりにも強引ですと、パワハラにもなりかねません。

このあたりのことが分かっている一流の上司は、過去を語りません。現状を、そのまま受け入れ、そのまま受け答えをすればいいのです。過去と違うからと、今の時代に文句を言うこともありません。

自分たちの時代を語って、良くなることはありません。言葉が伝わりやすくなることもありませんし、部下が動くようになることもありません。

部下が思い通りにならないからと、過去のことを持ち出して、わざわざ文句を言うのは時間のムダです。

超一流は、人に聞いて部下を知り、三流は、人事評価でしか部下を知ろうとしない

（○）超一流は、人に聞いて部下を知る
（×）三流は、人事評価でしか部下を知ろうとしない

上司であるマネージャーやリーダーの立場になると、部署異動や転勤がつきものです。

そんなとき、新しく部下になった人について、人柄や仕事ぶりを、どうやって詳しく知ろうとしていますか？

仕事をしながら、少しずつ理解していけばいいと思っている人もいるかもしれません。先入観をなくすためには、ゼロベースからのスタートもいいでしょう。

一番ダメなのが、人事評価で部下を知ろうとすることです。人事評価には、バイアス（思考の偏り）がかかっています。上司の好き嫌いもありますし、部下に多少問題があったとして

も、昇級が近い人にはゆるい評価をすることがあります。上層部からの圧力で、早めに出世させる人が決まっていることもあります。

私が会社員時代、昇級が近い人の人事評価は甘くするよう、上司から指示がありました。営業など、総合職の給料やボーナスを優先させるため、事務、アシスタントなど、一般職の人事評価を厳しめにするように指示されたこともあります。

上司には、自分の目で見て、正確な情報を仕入れて欲しいのです。

きちんと正当に評価をした情報と、上層部の意見や好き嫌いが入っている情報には、かなりの違いがあります。どちらの情報を信用したほうが部下に信頼され、話が伝わるかは、分かりますよね。

ある程度の規模の会社で働いていれば、異動はつきものです。

大企業では、営業部から企画部、資材部から生産管理部、設計部から品質保証部などと、部署をまたぐ異動もあります。営業の責任者となると、あらゆる地域の営業所に所長として異動することになります。

銀行などの金融機関では、お客様との関係が深くなりすぎないようにと、短期間で支店を異動させられます。

自分が転勤や部署を異動しなくても、新しい部下が入れ替わりで配属されることがあります。新しい部下は、どういう考え方をしており、仕事のレベルはどれくらいなのかということは、ほとんど分かりません。多少、噂などで聞くかもしれませんが、なかなか詳しくは分からないものです。

そんなとき、超一流の上司は、実際の現場で、他の人から本音をヒアリングするのです。

刑事もののテレビドラマにもあるように、指揮をするキャリア官僚は現場を見ず、上層部の顔色をうかがっていますが、現場の刑事は、事件現場に何度も足を運び、目撃者を探し、話を聞いて回ります。これは、事実をきちんと確認するために必要だからです。

赴任先、異動先で新しい部下をいきなり会議室に呼び出して、直接、話を聞くことはやめましょう。怪しまれますし、なかなか本音を聞き出すことはできません。

私はコンサルタントとして、会社の業務改善にかかわったことがあります。会社の改善点を探すために、社員全員と面談し、問題点をヒアリングしてきました。ですが社員たちが、外部のあまりよく知らない私に、本音を話すはずもありません。他人の悪い情報、特に、先輩や上司などの問題点などは、自分の立場が危うくなるのを避けるため、なかなか言わないものです。

あなたが異動した先では、あなたは、まだ歓迎されていないのです。

そのためには、まず、**異動先で信頼関係を作ることから始めて下さい。日頃からの何気ない会話が重要になってきます。**何気ない会話をしていると、ふと、仕事の話になることがあります。

そんなときに、「何か問題になっていることある?」などと聞いてみるのです。そうすると、「困っている自分の話」から進展して、たいてい「人が絡んだ話」が出てきます。一人だけの話を聞いて判断をするのは良くないですが、多くの人から話を聞き出すことができれば、特定の部下の仕事ぶり、性格を把握できるようになってきます。

私の経験では、「3人以上が同じこと」を言っていたら、信憑性のある話だと判断できると思います。

いきなり質問すると警戒されますが、話の流れから質問する分には、あまり警戒されることはありません。

ぜひ、本音を聞き出して下さい。しかも、他人に対する本音です。
人事評価だけを見て判断するのでは、表面しか見ていないのと同じことですので。

超一流は、考え方など内面の自己開示をし、三流は、お酒やギャンブルなど外的な自己開示をする

（〇）超一流は、考え方など内面の自己開示をする
（×）三流は、お酒やギャンブルなど外的な自己開示をする

部下との信頼関係を作るには、お互いのことをよく知ることが一番です。上司も部下もお互いに自己開示して、お互いが分かっている状態が理想です。

部下のことを知るには、相手のことを知ろうとするよりも、まず、自分から自己開示をすることが基本です。

ここで、「ジョハリの窓」という、心理学モデルを紹介します。


ジョハリの窓とは、サンフランシスコ州立大学の心理学者でもあるジョセフ・ルフトとハリー・インガムが共同で研究した、心理学でよく使われているモデルのこと。コ

ミュニケーションにおける自己開示と、コミュニケーションの円滑な進め方を考えるために提案された。

ジョハリの窓には、４つの窓があります。

1. 開放の窓（自分にも、他人にも分かっている姿）

自分が考えている姿と、他人に見えている姿が一致している状態をさします。ここの窓の領域が大きければ大きいほど、信頼関係がつかめ、円滑なコミュニケーションができるようになります。

2. 盲点の窓（他人は分かっているが、自分には分かっていない姿）

自分に分かっていないが、他人には分かっている姿です。「あの人、真顔が怖い」などという、自分では気づいていない部分です。

3. 秘密の窓（自分では分かっているが、他人には見せていない姿）

自分が他人に隠している姿です。「大学で留年した」ことは、私は内緒にしていますので、ここに当てはまります。ここの領域が大きいと、他人とのコミュニケーションが上手くいかな

ジョハリの窓

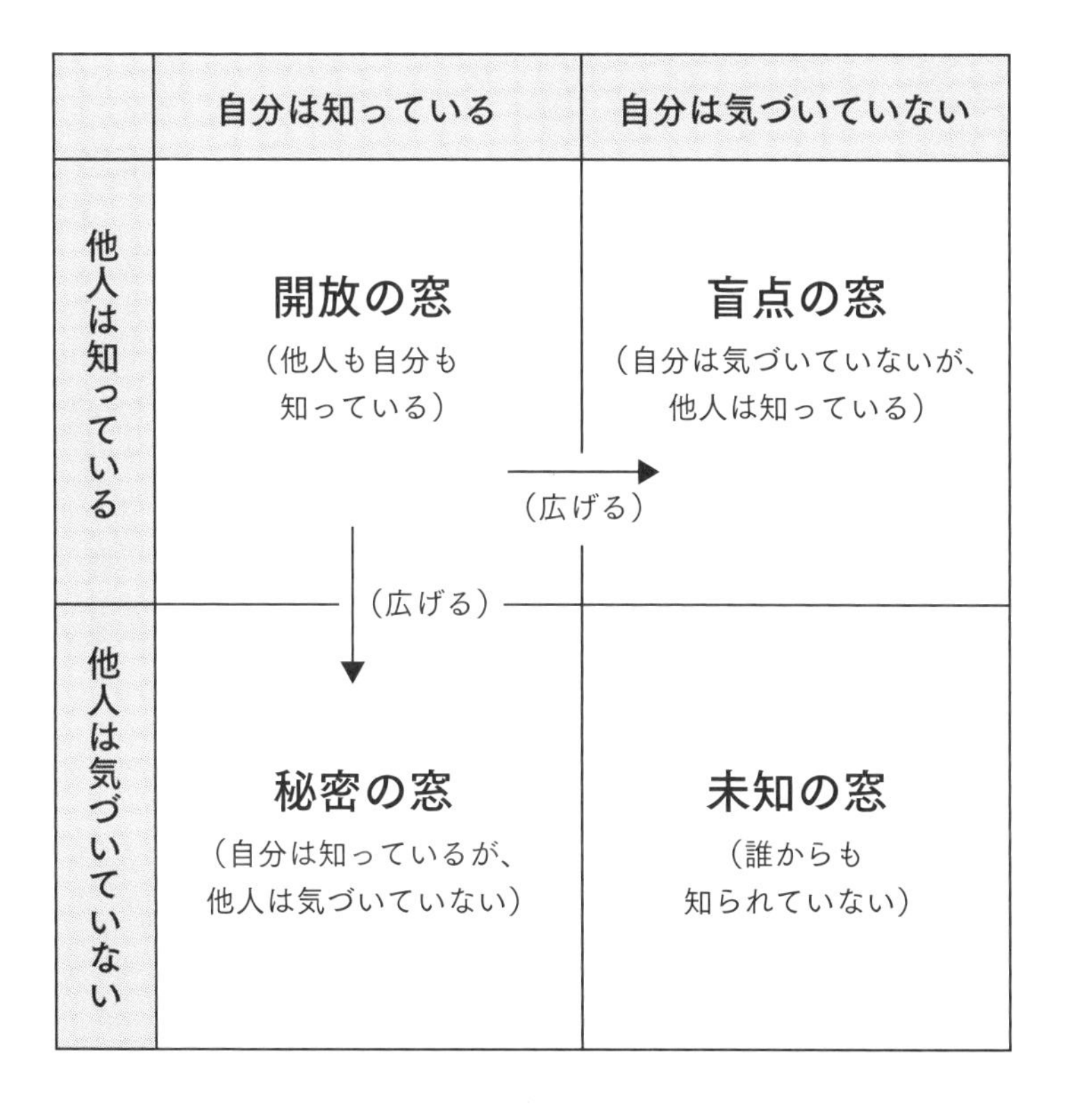

自分は知っている
自分は気づいていない
他人は知っている
他人は気づいていない
開放の窓
（他人も自分も知っている）
盲点の窓
（自分は気づいていないが、他人は知っている）
（広げる）
（広げる）
秘密の窓
（自分は知っているが、他人は気づいていない）
未知の窓
（誰からも知られていない）

いことも出てきます。

4．未知の窓（自分にも他人にも分かっていない姿）

自分自身も周囲の人も気づいていない自分です。この部分は、誰にも分かりません。

上司は、部下との良好な信頼関係をつかむために、「開放の窓」を広げることを意識しなければなりません。そのためには、自分が知っていて相手が知らないことを知らせる、すなわち、自己開示をする必要があるのです。

そこで、何を自己開示するかです。

どんな情報であれ、自己開示しないよりは、自己開示をしたほうが良いのは間違いありません。ですが、今の若者と、オジサンでは価値観が違いますので、自己開示する内容にも気を配る必要があります。

自己開示には、外面的な自己開示と、内面的な自己開示があります。

外面的な自己開示とは、他人が知ることができる情報のことで、趣味、住んでいる場所、乗っている車、家族構成のことなどです。基本の情報なので、自己開示をして相手に知ってもらったほうが、コミュニケーションはスムーズになります。**内面的な自己開示とは、自分の考え方や価値観などです。**

プライベートな情報を、自分から自己開示をするのはいいですが、オジサン世代にしか通用しない情報は、あまりよい印象を与えません。自己開示というよりも、なかば自慢にもなります。

昔、お酒を浴びるほど飲んだ話とか、マージャンやパチンコなどギャンブルの話、タバコに関する話、男性が女性遊びをした話などは、控えたほうがいいでしょう。今の若者は、ギャンブルをする人も少ないですし、何軒も飲み屋さんをはしごすることもありませんから。

三流の上司は、昭和時代の価値観で物ごとを話すので、気をつけたほうがいいです。

では、超一流の上司は、どんなことを自己開示するのでしょうか？

それは、考え方や気持ち、価値観など、内面的な自己開示です。内面的な自己開示は、自分から話さない限り、相手には分かりません。そのため、価値がある自己開示なのです。

例えば、「仕事についての考え方」「お金よりもやりがいを求めている話」「今の職場について、〇〇のように考えている」「仕事、プライベートなどの将来的なビジョン」などです。気をつけて欲しいのは、「こうあるべきだ！」「このようにすべきだ！」みたいな説教じみた話はしないことです。これも嫌われます。

私が営業の責任者をしているときなどは、

「私は、売上も大切だと思うが、信頼関係を作るなどの行動を評価したい」
「私は、仕事以外のプライベートの時間も充実させたい」
「いずれ、心理学などの勉強をして、仕事に役立てたいと思っている」

みたいな気持ちをよく話していました。

普段から話す内容ではないので、部下は気持ちをくみ取ってくれていたようです。

超一流は、感情部分を繰り返し、三流は、会話のあいづちをうつならまだましなほう

（〇）超一流は、感情部分を繰り返す
（×）三流は、会話のあいづちをうつならまだましなほう

部下の話を、目を見ながら、きちんと聞いていますでしょうか？

おそらく、ほとんどの方が、何かをしながら部下の話を聞いているはずです。「しながら聞き」です。自分一人のときに、音楽を聴きながら仕事をする「しながら聞き」ならいいですが、相手があるコミュニケーションの「しながら聞き」はいけません。

管理職向けに、定期的に行っているコミュニケーション研修では、部下とのコミュニケーションの問題点を探っていきます。そうすると、「パソコンを見ながら」「作業をしながら」「スマホを見ながら」部下の話を聞いているという問題点にぶち当たる場合がほとんどです。

このケースでは、上司は聞く側ですので、「伝え方」「伝わり方」に何の関係があるのかと思われた方もいるかもしれません。**実は、コミュニケーションというのは、双方向で成り立つものです。そのため、話す側が一生懸命でも、聞く側の姿勢や態度が悪いと、話す側が、だんだんと話す気が失せてしまい、成立しなくなってしまうのです。**

コミュニケーションは、双方向で話すものなので、上司が部下へ話す順番になったとき、部下は、すでに聞く気が失せていますから、話が伝わらないということになるのです。

上司の「聞く」姿勢というのは、非常に大切なのです。

「きく」という漢字には、主に3種類あるのはご存じでしょうか。「聞く」「訊く」「聴く」になります。この違い分かりますか?

聞く：
自分の先入観や固定観念を持ったままで、相手の話を「音」として聞いている。

訊く：

自分が知りたいことを相手に訊ねる状態。相手の気持ちや考えを引き出すのではなく、自分のために訊いている。

聴く：
相手が何を言いたいのか、どんな感情なのかを人が心で感じ取る。「相手のため」に話を聴く状態。

上司が部下の話を聞くときは、「聞く」ではなくて、「聴く」を使って欲しいのです。

「聴く」という漢字は、耳、十、四、心というパーツに分解できます。十四の心があるように、真剣に耳で聞くというように捉えることもできます。

「聴く」というスキルを使うとき、必須なのは次の２つです。

1. うなずき、あいづち

2. 言葉を繰り返す

1．うなずき、あいづち

「うなずき」というのは、話に合わせて首を縦に振ることです。「あいづち」は、「ええ、ええ」「うん、うん」などと、言葉に合わせて、言葉を返すことです。

普段から、自然にやっていることが多いのですが、部下の話となると、なぜか、多くの上司が無言になるのです。うなずき、あいづちを入れるだけで、相手はかなり話しやすくなります。

2．言葉を繰り返す

これは、相手が話した言葉を繰り返すことです。話したことのすべての言葉を繰り返す必要はなく、話のポイントを繰り返したり、話しをまとめて要約することです。

コールセンターなどに電話をすると、必ず、私たちがしゃべった言葉を繰り返してくれます。これは、「きちんと聞いていますよ」という合図や、相手の話に「共感」を示したり、「今の話は、このように受け取りましたが、これで大丈夫でしょうか？」という確認の意味があります。

この「言葉を繰り返す」には、「事実」の部分を繰り返すのと、「感情」の部分を繰り返すのと、２つのパターンがあります。

「事実」の部分を繰り返すと次のようになります。

（部下）お客様に電話しているのですが、アポが取れなくて困っています

（上司）そうか、まだアポが取れていないのだね

このように繰り返すだけでも、部下はかなり話しやすくなるはずです。さらに、共感することを目指します。

「感情」の部分を繰り返すと次のようになります。

（部下）お客様に電話しているのですが、アポが取れなくて困っています

（上司）そうか、困っているのだね

部下は、上司に共感してもらえたと思うようになります。

「事実」の部分にフォーカスすると、**「アポが取れない事実をどうするか？」**という解決方法になりますが、「感情」の部分にフォーカスすると、**「アポが取れなくて、困っている気持ちをどうするか？」**という解決方法になります。

みなさんでしたら、どちらのほうが嬉しいですか？

ほとんどの方が、後者なのです。気持ちに寄り添ってくれるほうが、嬉しいのです。

「うなずき、あいづち」は、当たり前ですので、ぜひ、「言葉を繰り返す」スキルをぜひ使って下さい。その中でも、感情の部分があれば、そこにフォーカスをして「言葉を繰り返す」ことをしてあげて下さい。

これだけで、とても会話がスムーズになり、部下への信頼も高まります。その結果、話が伝わるようになるのです。

超一流は、見た目の共通点を探し、三流は、仕事の共通点しか探せない

（〇）超一流は、見た目の共通点を探す
（×）三流は、仕事の共通点しか探せない

人は共通点を見つけると、急に距離が近く感じるものです。

社会人になると、同じ年の人に出会うことも減りますので、年齢が同じだけで、共感を持てたりします。

出身大学の同窓会などは、すでに大学名が共通項ですので、仲良くなりやすいです。業界の集まりやイベントなどでも、業界が同じ、取引先が同じという共通項があるため、仲良くなりやすいです。

私が営業マンに売上アップの指導をするときは、いきなり本題に入るのではなく、まずは、雑談をしながらお互いの共通点を探すようにアドバイスしています。共通点がすぐに見つから

ないこともありますが、出身地でも、好きな芸能人でも、趣味でも、何でもいいので、お互いに共通した事柄が見つかると、お客様の聞く姿勢が違ってきます。

セミナーや研修で講師として登壇するときは、互いに知らない者同士の参加者の雰囲気を和らげるため、共通点探しゲームなどをします。近くに座っている人の共通点が分かると、安心して講座に参加することができるようになります。

若手向けの研修や、営業マンを対象とした研修では問題ないのですが、40代後半～50代の人が集まる管理職研修、部長研修などでは、毎回、困ったことが起こります。決められた時間内（5分くらい）に、2人～4人が共通する点を見つけられないのです。ゼロなんてこともあります。

頭が固くなっている、思考が柔軟ではない、初めから見つからないと思っているなど、問題はたくさんあるのですが、課題を難しくしすぎなのです。

私も講師として、深く観察しているのですが、とにかく驚きます。

どのような会話をしているかというと、

「おたくの部署の問題点は何でしょうか？」

「最近、問題になった部下はいるでしょうか？」

「部署の目標達成は、いかがですか？」

などを話しているのです。


私は、「共通点を見つけて下さい！」と伝えただけですよ。

「仕事上の問題点」などと、指示はしていませんから。

制限時間5分程度では、見つかるはずもありません。


これが、30～40代前半のリーダー研修になると、こんな感じです。

「出身はどこですか？」

「どこに住んでいますか？」

「休みの日は、何をしていますか？」

「結婚していますか？」

などです。


まあ、50代に比べたら、だいぶ柔らかくなっているのですが、それでも共通点を導き出す視点が狭いのです。

Aさん：出身はどこですか？
他の人：川崎です。横浜です。千葉市です。東京です。
Aさん：じゃあ、共通ではないですね。
Bさん：どこに住んでいますか？

20代向けの研修となると、ほぼ同じことを話すのですが、共通点の導き出す視点が広くなります。考え方が柔軟です。
先ほどの例を出しますと、このようになります。

Aさん：出身はどこですか？
他の人：川崎です。横浜です。千葉市です。東京です。
Aさん：みなさん、関東出身ですね。共通点1つ目です。

この違い、分かりますでしょうか？
それぞれの出身の市が違っても、関東という地区でまとめているのです。

一番、先入観がない小学校高学年に同じ内容のテーマを与えると、このようになります。

Ａさん：みんな靴を履いていますね。１つ目
Ｂさん：みんな目がありますね。２つ目
Ｃさん：髪の毛ありますね。３つ目
Ｄさん：服を着ています。４つ目
Ａさん：息をしていますね。５つ目

というように、あっという間に10個、20個になります。

みなさん、年を取るにつれて、どんどん、話を難しくしていくのです。

小学生のように、「目がある」「服を着ている」「靴を履いている」などは、やり過ぎだと思われた方もいるかもしれません。ですが、これくらい柔軟な発想がないと、短時間で共通点を探すことはできません。

共通点を探すために、関係ができていない部下に対して、いきなり「出身地は？」「趣味は？」などと、質問をするのは唐突すぎます。

体格がよければ、「普段、スポーツしているの？」「太らないように工夫しているの？」などと聞くこともできます。自分が中年太りだったとしても、「太りたくない」「体型を維持したい」という気持ちは、同じかもしれません。

お互いの靴を見て、それなりの靴を履いていたら、「オシャレな靴だね。どこで買っているの？」などの話からスタートすることもできます。自分自身も靴にこだわっていれば、私は「○○で買うよ！」などと話ができます。

ボタンダウンのシャツがオシャレでしたら、「それ、どこで売っているの？」などと聞いてみるのです。私も「そんなシャツを着てみたいと思っていてさー」などと話をすれば、オシャレなボタンダウンのシャツが着たいという共通点が見つかります。

共通点を探すのには、見た目の共通点を探すことから入ればいいのです。仕事の共通点を探すのは、関係が深くなってからでも十分ですから。

超一流は、会議は部下を知る場だと考え、三流は、会議は気合いを入れる場だと考える

（○）超一流は、会議は部下を知る場だと考える
（×）三流は、会議は気合いを入れる場だと考える

過労死、過労自殺などが取りざたされるようになってきてから、残業の多さが問題となり、ホワイトカラーの生産性の低さが指摘されるようになってきました。その中でも、会議の多さが、1つの問題となっています。

私も、独立してからいろいろな会社を訪問してきました。**中小企業で人手が足りない、景気が悪くて儲かっていないなどと言っている会社ほど、社長が会議好きだったりします。**

大きな会社でも、いろいろな部署と会議ばかりしています。会議を勘違いしている会社では、部下をおとしめる場になったり、部下の管理をする場になったりしています。働きの悪い部下に対して、気合いを入れ直す場だと言っている人もいるくらいです。

私が働いていたある会社では、営業マンの会議が月1回丸1日ありました。取締役までが参加します。その月1回の会議のための会議がありました。その会議のために、会議資料を、数日かけて、夜中までかかって作り上げました。

会議では、営業成績が悪いと、怒鳴られます。立たされる人もいます。私がいたのは証券会社とか、リフォーム会社とか、住宅販売など、個人を相手にした実力主義の会社ではないですよ。

私は、何とか営業成績が良かったので、きつく問いただされることはありませんでしたが、会議で怒鳴られていた他の同僚は、モチベーションが上がることはなく、退職していく人もいました。その会社は、今でも業績は伸びていないようです。

おそらく、会議をなくせば、残業が大幅に減るのは間違いありません。そのため、みなさんが、ムダだと思う会議は減らすことも必要でしょう。ですが、私は、全くゼロにする必要はないのではないかと考えています。

なぜなら、会議の場は、部下の様子を知るいい機会だからです。

私が上司となったとき、部下からきちんとした報告を受け、意識を合わせるつもりで、必要最低限の営業会議だけは開催していました。前職の会議で、とても苦労した経験があったため、参加した人が嫌々参加しないよう、仕事以外のことの近況も話してもらい、和気あいあいとした場になるよう工夫しました。

そのような場にしたほうが、**部下がリラックスして何でも話してくれるため、上司の私としても部下の問題点を把握しやすくなりました。今後の仕事の解決策を示す場でもあり、部下のモチベーションを知る場にもなっていました。**

このような取り組みで、部下のモチベーションも上がり、部署の成績も上がりました。会議は工夫次第で、良いほうにも悪いほうにも行くということです。

私が指導している会社の会議では、すぐに本題に入らないように指導しています。研修でもセミナーでもそうですが、話を聞く姿勢になっていないのに、一方的に講師が言葉を伝えても、全く伝わりません。まずは、聞く姿勢にすることが大切なのです。会議も同じです。

そこで、オススメするのが、**会議の前に、アイスブレイク（リラックスさせる場作り）として「GOOD&NEW」という手法です。**人数が多い場合は、時間が長くなりすぎないように、1人1分などと、時間を決めておくといいです。

ここ1週間で、「良かったこと」と「新しいこと」を、参加者でシェアするのです。参加者が10名を超えるようでしたら、2グループに分けるのも1つですが、上司が部下全員の状況を把握するためには、1グループのほうがいいでしょう。

2つに分ける場合でしたら、どこかのグループに、上司も入って下さい。言いたくないことは言う必要はありませんので、強制はしないで下さい。ただ、たまに、何も話すことがないという方もいますが、何もないことはありませんので、何でもいいので話すようにしてもらって下さい。

まだ慣れていない場合は、上司からスタートして下さい。

例えば、

お子さんが小さな方でしたら、

「先日の日曜日に、子どもと遊園地に行き、はしゃいでいる姿を見たら、嬉しくなってきた」

などでもいいです。

映画が趣味でしたら、

「土曜日に、〇〇の映画を見に行き、〇〇の場面で感動した」

などです。

新しいことでもいいですので、

「自宅に、55型の液晶テレビを購入したら、テレビが見やすくなった」

とか

「あたらしくネコを飼うことにした」

などです。

もちろん、仕事の話でも問題ありません。

「ＧＯＯＤ＆ＮＥＷ」を行うと、場が盛り上がり、参加者がリラックスするようになります。
これで、会議に入る前に人の話を聞く姿勢を作ることができます。

部下の最近の状況が分かりますし、部下の社員も、他の人が何をしているか知ることができますので、部署の雰囲気も良くなります。お互いの知っている部分が増えれば増えるほど、人のことを信用するようになります。（ジョハリの窓。１５３ページ参照）

私たちは、日頃、何も考えずに過ごしてしまうことが多いのですが、この取り組みを行うと、**「良かったこと」「楽しいこと」「新しいこと」に目がいくようになり、前向きに考えることができるようになります。**

会議が部下を知る場となり、部下のモチベーションもあがる、とてもいい機会になります。

昔ながらの会議は、もうやめましょう。

第6章

新入社員の扱い方編

超一流は、新卒や転職者が辞めるのは自分たちに原因があると考え、三流は、会社に合わないからだと気にもしない

(○) 超一流は、新卒や転職者が辞めるのは自分たちに原因があると考える
(×) 三流は、会社に合わないからだと気にもしない

新卒社員や転職者が、すぐに辞める会社、派遣社員の入れ替わりが激しい会社などがあります。果たして入社した人が悪かったのでしょうか。

新人がすぐに辞める原因は……

- **社風が合わなかったのでしょうか?**
- **忍耐力がなかったのでしょうか?**
- **積極性が足りなかったのでしょうか?**
- **派遣された人のレベルが低かったのでしょうか?**

私が見てきた限り、80%くらい会社側に問題があります。

特に、短期間で辞める人が、２～３人続いた場合は、要注意です。

上司が、この問題に向き合って、あらためようとしない限り、良くなることはないでしょう。時間を使ったにもかかわらず、結果的に戦力にならないのです。これが三流の上司の実態です。

社員の定着率向上のため、いろいろな会社の問題点を調査し、解決に向け指導してきたことがあります。多くの会社では、社員がすぐに辞める、人が入れ替わるといった事実は認識していますが、自分たちに問題があるとは思っていません。

職場環境や上司、先輩などとの人間関係に問題がある場合は比較的簡単に問題点が分かりますが、そうでない場合が多く、今まで当たり前のようにやってきた常識的なことが、外から来た人には非常識だったりするのです。

例えば、

・残業時間が、話と全く違う
・ボーナスが全く出ないとは聞いていなかった
・残業が相当多いのに、残業代が支払われない

・**休日出勤が当たり前**

というようなことは、問題外ですが、中小企業ではよくあります。

案外、下記のような問題もあります。

・**新入社員をいじめるベテラン社員がいる**
・**仕事を全く教えない**
・**気が合わないと嫌がらせをする人がいる**

というのは、問題が分かりやすいです。

実は、入社した人の問題に見えるようで、自分たちの問題なのが、

・**疑問点を質問しても、丁寧に教えてくれない**
・**ほっておかれて、何をしたらいいか分からない**
・**専門用語が多く、何を言っているのか分からない**
・**指示があいまいで、そこから先は新人が歩み寄るのが当たり前という環境**
・**指示が分かりにくいのに、結果が思い通りにならないと、使えない新人と決めつける**

というパターンです。

本当に全く戦力にならない人もいるでしょう。そのようなケースは稀で、上司が何もしてい

ないのに、使えないと決めつけていることのほうが多いのです。

新人のほうが気を使って、自ら努力しなさいという言い分も分かります。なかには、そのような努力が空回りしてしまう人もいるでしょう。ですが、言葉が相手に伝わっていないのは、上司にも責任があるのです。

特に、新人の部下に話を伝え、自然に動いてもらえるようになるには、伝え方がとても重要なのです。

新人が不安そうな顔をしていたり、困っていたら、上司が気にかけてあげましょう。人がすぐに辞めることが続く場合は、プライドを捨てて、退社する人から、今後のために本音を聞き出しましょう。辞めることが決まっている場合は、我慢する必要がないので、本音を教えてくれることがあります。何を言われても絶対に、相手が悪いと責めないことです。

超一流の上司は、人がすぐ辞めるのは、自分たちに問題があると考え、社内を改善していきます。改善すれば、働きやすい職場となり、結果的に、上司の言葉が伝わるようになるのです。

今までは教えなくても、自分で努力するのが当たり前だったかもしれません。

職場の環境が悪くても、我慢するのが当たり前だったかもしれません。

専門・業界用語は、すぐ理解するのが当たり前だったかもしれません。

そんな当たり前の常識が通用しないと感じたなら、思い切って環境を変える努力をしましょう。自分たちの会社が変わる前に、どんどん働く人の考え方が変わっています。

超一流は、空気を読むことを期待せず、三流は、空気を読んで気づかない若者をグチる

（〇）超一流は、空気を読むことを期待しない
（×）三流は、空気を読んで気づかない若者をグチる

常日頃から、このようなことを部下に言っていませんか？

「見ていれば分かるだろー」

「これくらい気がつきなさい！」

「気がきかないなー」

「何年、仕事をしているのだー」

「今の若者は、気がつかないからダメだ！」

このようなことを「グチっている」あなたは、完全に三流の仲間入りです。


「見ていれば分かるだろー」

↓何のことを言っているのか分からないし

「これくらい気がつきなさい！」
↓これくらいのこととは、何のこと？

「気がきかないなー」
↓具体的に言ってくれなきゃ分からないし

「何年、仕事をしているのだ！」
↓仕事ぶりは問題ないと思いますが、何が不満なのでしょうか

と、相手に思われている可能性があります。

この空気を読むという文化は、日本特有のものです。外国人には通用しません。今の若者も、空気を読むということをしなくなりました。オジサン上司は、これからの多様化時代を生き延びるために、考え方をあらためなければなりません。

小さいころ両親から、「場所を考えなさい！」「状況を考えなさい！」と言われたことはない

でしょうか。会社に入ると、よく上司から、「雰囲気を読みなさい！」「相手の気持ちを考えて動きなさい！」と言われてきたはずです。

「空気を読む」という感覚は、言葉で言わなくても、「雰囲気」「身振り」「表情」「経験」から感じ取るという独特のコミュニケーションです。外国人からしたら、「ハッキリ言え」という感じでしょうか。

外国に長期間滞在したことがある外資系企業で働く友人と、居酒屋でこんなやりとりをしたことがありました。

友人：大岩さん、残りの唐揚げ食べませんか？
私：いいです。
友人：「いる」「いらない」どっち？
↓おそらく、日本人同士なら、そのままスルーして終わり
私：いらないです。

「いいです」という言葉は、「いります」とも取れるし、「いりません」とも取れます。ちなみに、私は、「いらない」という意味で使っています。

日本人なら、空気を読んで次の話にいくのでしょうが、さすが、外資系で働く人です。見逃してはくれませんでした。

アメリカの文化人類学者であるエドワード・T・ホールが、「ハイコンテクスト文化」と「ローコンテクスト文化」という区分けをしています。

ハイコンテクスト文化：

伝える努力をしなくても、お互いに相手の意図を察しあうことで、なんとなく通じてしまう環境のことです。あいまいな表現を好み、あまり多く話さず、論理的な飛躍が許される傾向にあります。ハイコンテクスト文化の筆頭は、日本人です。

ローコンテクスト文化：

言語によってコミュニケーションを図ろうとする環境のことです。直接的で分かりやすい表現を好み、寡黙であることを評価せず、論理的飛躍を好みません。ローコンテクスト文化は、ドイツ人、アメリカ人、フランス人などです。

「ハイコンテクスト文化」は、日本人の良さでもあるのですが、これを外国人に期待しても意味がありません。最近の職場には、いろいろな国の外国人が働いています。もしかしたら、あなたの部下の中にも、外国人がいるかもしれません。もしくは、外国で育った人もいます。そのような人は、空気を読む習慣はないため、きちんと「言葉」にして伝えなければなりません。「空気を読む」ことを期待して、言葉を省略するのは、もうやめましょう。

相手に全く伝わりません。

そのため、超一流の上司は、空気を読むことを期待せず、伝え方にこだわります。

1. あいまいな言葉を使わない

「あれ」「その」「この」「それ」という言葉を使わないことです。

2. 数字で表す

「多い」「少ない」「少し」「多め」「なるべく早めに」「いつでも」など、人によって捉え方が違いますので、2倍、半分、3日後など、数字を使います。

3. 主語をつける

「私」「あなた」「○○さん」など、誰に対して言っているのか、誰のことを指しているのか分からない会話が多いです。「私がそう思う」という推測なのか、「○○さんが言っていた」という事実なのかも、ハッキリさせる必要があります。

4．行動を促す

「できれば……」「お願いできれば……」ではなく、「やって下さい！」という言葉だけでいいです。「やるのか」「やらないのか」を、ハッキリさせることです。

あいまいな伝わりにくい言葉は、やめましょう。

空気を読んで察するなんてことは、考えてはいけません。

超一流は、ティーチングを重視し、三流は、ティーチングをバカにする

（○）超一流は、ティーチングを重視する
（×）三流は、ティーチングをバカにする

いきなりですが、トレーニング、ティーチング、コーチングという言葉の違いを、ご存じでしょうか？

〈もともとの意味〉

トレーニング：
語源は、電車で、ゴールは決まっている。
敷かれた路線に沿って決められた人を届ける。

ティーチング：
語源は、先生で、先生と生徒でゴールを決める。

ティーチャーが答えを知っていて、その答えを生徒に教える。

コーチング：

語源は馬車で、相手がゴールを決める。

乗っている人が望む目的地まで、その人が望む経路で送り届ける。

〈教育手法としての違い〉

トレーニング：

これは、スポーツなど、優勝するという目的に沿って、人をサポートする方法です。日本社会は、戦後、経済が成長し、みなが普通の暮らしがしたいという目的を持っていたので、同じやり方でもよかったのかもしれません。今の社会では、数年後はどうなるか分かりませんので、ビジネスでは使えません。

ティーチング：

仕事を知らない部下には、仕事を教える必要があります。人手不足で、上司が教えている時間がないのと、部下に「考えさせる」という教育方法に変わってきたことから、軽視されがちですが職業教育の基本です。

コーチング：
部下に自発的に動いてもらえるようにするために、「答え」を教えることをせず、自分で考えてもらう教育手法です。近年取り入れられてきています。

いろいろな教育手法はありますが、部下が早く育つ方法は、仕事を任せることです。

どれだけ机上で理論を教えたとしてもダメで、自分で実際に実践して、失敗しながら、試行錯誤を積み重ねていくことで、人は成長していきます。

そんな中で忘れないで欲しいことがあります。

「ティーチング」を軽視してはいけないということです。

ものごとを知らない部下には、一通りのやり方を教える必要があります。「ティーチング」です。長い間、営業同行をしたり、先輩のお手伝いをしていたとしても、基礎である「やり方」を教えてもらっていなければ、自分で考えようがないのです。

ティーチングは大事

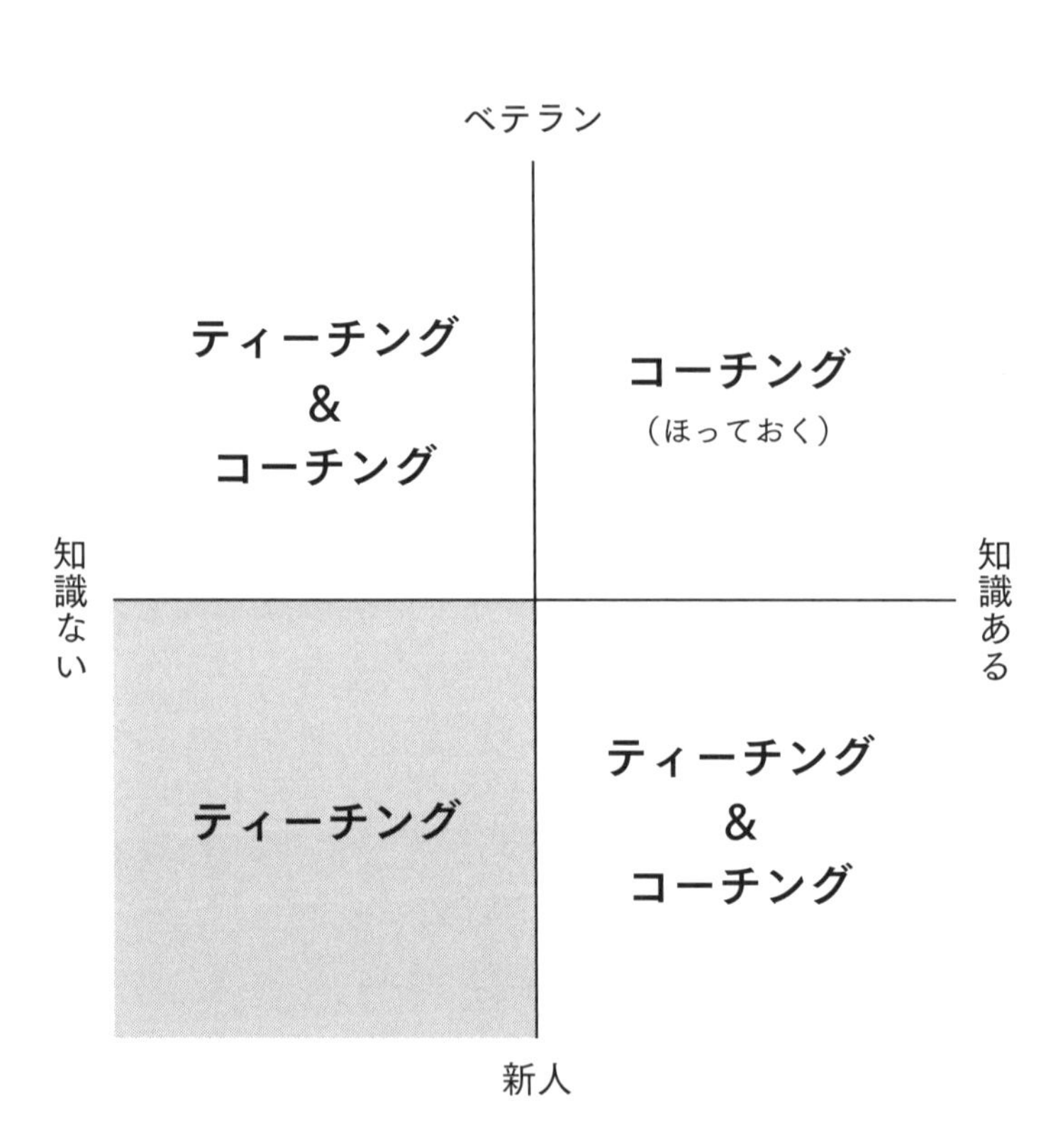

ベテラン
ティーチング
&
コーチング
コーチング
（ほっておく）
知識ない
知識ある
ティーチング
ティーチング
&
コーチング
新人

まず、部下を戦力にしたいのであれば、一定期間、「ティーチング」をしてください。とにかく、仕事の基本、やり方を教えるのです。ここを軽視してはいけません。

中小企業などは、教えている時間がないので、簡単なことだけレクチャーして、すぐに仕事を任せたりします。上司が忙しすぎて、「ティーチング」が足りていません。

大企業では、ゆっくり育てようとするあまり、営業であれば先輩社員との同行、開発設計であれば、先輩のお手伝いなど、仕事を任せるまでに時間をかけ過ぎることがあります。見ていれば分かるというような職人気質の教え方では、今の若手社員は理解できません。こちらも、「ティーチング」が足りていません。

長い時間をかけて、全体研修をしていたとしても、配属先では、放置されているケースをよく見ます。**人事は、一生懸命「ティーチング」をしても、配属先の現場が、「ティーチング」をしていないのです。**

「ティーチング」という基本があるからこそ、「コーチング」などのような、答えを教えない手法が成り立つことを理解しておいてください。

超一流は、働きぶりをきちんと見て評価し、三流は、出身大学名を見て評価する

（○）超一流は、働きぶりをきちんと見て評価する
（×）三流は、出身大学名を見て評価する

新人社員に対して、出身大学名を見て、「仕事ができるかできないか」を決めてしまうことはないでしょうか。

新入社員が配属されるころになると、「○○大学出身だから」という会話がよく始まります。数年後に、部署異動するときにも、「彼は、○○大学出身なのだけどなー」と言うこともあります。

例えば、大手企業ではこのような感じです。

「Aさん、東京大学出身だから、他とは違うよ」
「Bさん、名古屋大学出身だから、すぐ仕事覚えるよ」

「Cさん、早稲田大学出身だから、さすが仕事できるよねー」

という感じです。

本来なら、大学名は関係ないはずなのです。ですが、日本の大手企業は、偏差値の高い大学から新卒を採用していきますので、大学名がいつまでも話題となるのでしょう。自分たちも、いい大学の出身者ですから。

このようなことは、中小企業でもあります。

あまり普段採用していない、有名大学出身者に期待をしてしまうのです。

「Dさんは、九州大学出身だから、地頭がいいのだろうねー」

「Eさんは、神戸大学出身みたいだよ。企画力があるのでは？」

という感じです。

このような現象を、心理学用語でハロー効果と言います。

ハロー効果とは、

社会心理学の認知バイアス、思考のバイアスと呼ばれる心理学用語の1つ。ある人（対象）を評価する際、その人が持つ目立ちやすい特徴にひっぱられ、その他についての評価にバイアスがかかり歪んでしまう現象のことを指している。

※バイアスとは、思い込みのこと。

大学名で判断をするのは、完全な思い込みです。

人事採用の部署が、新卒を採用するときの判断材料とするのは別として、自分の部署に配属された新人、中小企業が採用した新人、入社数年後の若手社員などは、もう、大学名とは関係ないはずなのです。

普段の仕事ぶりを、キッチリと見て判断しなければなりません。

三流上司ほど、いつまで経っても、「○○さんは、△△大学出身だから」という考え方を持ち続けます。万が一、仕事が出来なかったとしても、「何かできることはないか」と考えてしまうのです。

逆に、高卒であったり、知名度の低い大学出身だったとしても、仕事が出来る人はたくさんいます。言われたことだけはきちんとこなせるという人ばかりでは、企業はよくなっていかないのです。

時代の変化が激しい現代において、大学名に影響されている場合ではありません。

特に、自分が偏差値の高い大学の出身者だと、往々にして大学名で部下を判断してしまうことがあります。仕事ができなくても、「頭が良いはず」「理解力があるはず」「きちんとこなす能力があるはず」と、他の社員と比べて、アドバンテージを与えてしまうのです。

これでは、他の部下がついてくるはずがありません。

部下の期待を裏切ると、その後の修復が大変になってしまいます。

部下を、きちんと評価する「柔軟な思考」を持ち続けることは必須です。

部下の評価基準に「出身大学」が関係なかったとしても、安易に「○○さんは、△△大学出身だから」と言うのは、慎まなければなりません。

超一流は、新人の失敗は学びの場だと考え、三流は、失敗をしない方法を教える

（〇）超一流は、新人の失敗は学びの場だと考える
（×）三流は、失敗をしない方法を教える

一昔前に比べ、人員は大幅に削減され、ＩＴツールの発達によって、あきらかに上司の仕事は忙しくなりました。**正直なところ、上司は、新人部下の教育や、他部署から異動してきた部下、転職してきた新入社員の相手をしている暇がないのが本音ではないでしょうか。**

中途採用した部下は経験者であることが多いですし、異動してきた社員は会社のことを分かっていますので、そんなに指導に時間をかけなくても戦力になるでしょう。

一番大変なのは、若手社員の教育です。

前項目（１８９ページ）で、「ティーチング」について説明をしてきました。ここでは、若

手社員に基本的なことは教えているという前提で話を進めます。

大企業であれば、時間をかけて、研修で学んできますが、中小企業では、研修はないか、あっても数日で終わりでしょう。研修で学んでも、次の日にすぐ使えるとは限りませんので、実践の場を与えて、経験させなければなりません。

若手社員は、これから長く会社で働いていく訳ですので、上手に育てなければならないのですが、時間をかけていられないのが、現場の実情です。

そのため、上司は部下が困っているときに、すぐに「答え」を教えます。**ベテラン社員なら問題なくこなす仕事でも若手は失敗してしまうため、手がかかります。そのため、失敗しないように「答え」を、先に教えてしまうのです。**

余裕があれば、まず失敗をさせて、自分で気づかせることが必要なことは分かっていますが、上司に時間的余裕がないのですね。

「答え」を教えてばかりいるとどうなるか……

それは、**「自分で考えない、指示待ち人間」**になります。

ただでさえ、今の若手社員は、指示待ちの傾向があります。

学校教育の問題もありますが、日常から、物があふれており、スマホで検索すれば何でも答えが見つかる社会になっています。コミュニケーションも、LINEやメールで済ませてしまう時代です。

私たちオジサン世代は、分からないことがあれば、人に聞くしかなかったです。インターネットもパソコンもスマホもなかったですから。ですが、気軽に何でも聞くと、「何でも聞くな！　自分で考えろ！」と文句を言われてきました。さらには、「質問の仕方」が悪いと、「そんなことをいちいち聞く前に調べなさい！」と説教をされます。そのため、図書館に行って調べたり、本屋さんで本を買ってきて調べたりしました。

今は、便利な時代ですので、そのような行動は、Google検索だけで済みます。「調べる方法を考える」「訊く相手を考える」「答えを自分なりに考える」という必要がないのです。

「答え」を教えることは、さらに「指示待ち」の若手社員に育ててしまうのです。

ベテラン社員では絶対に失敗しないことでさえ、若手社員には分からないのです。**戦力にな**

るのに時間がかかるかもしれませんが、自分で失敗させて、自分で気づかせ、自分で答えを見つけさせて、自ら学ばせるしかないのです。

「ティーチング」で教えていたとしても、実践で問題なくこなせるようになるのは、また別問題ですから。

何かをする前から、

「○○さんに聞いたら、□□さんに電話して、先に手を回しておいて」

「△△さんに、アポ取って、○○を提案して、３日後に状況確認して」

「会場を予約したら、これとこれを聞いて、この順番で資料を用意しておいて」

などと面倒かもしれませんが、失敗しないための「答え」を、先に教えてしまうことだけはやめましょう。

超一流は、若者の考え方を知ろうとし、三流は、若者の考え方をなかったことにする

（〇）超一流は、若者の考え方を知ろうとする
（×）三流は、若者の考え方をなかったことにする

今後、ゆとり世代、さとり世代、さらにまた次の世代と、どんどん若い世代が入社してきます。**これからは、若者が会社を担う時代になるのは間違いありません。**

ですが、残念ながら、現在の会社のトップや上層部が年配者であること、お客様のトップや上層部も年配者であることから、**社会では、昔の価値観が優遇されてしまっています。**

働き方改革や個人の尊重などで、残業規制や有給消化率など働き方が変わり、セクハラ、パワハラなどに、かなり厳しくなってきました。これらは、法律で規制されているから守るのが当たり前なのですが、まだまだ根本的な考え方や風潮は変わっていないのが現状です。

大企業や一部の企業を除いて、

・有休取得には好意的でない
・産休は歓迎されない
・育休など取れない
・残業代は支払われない
・長時間労働は当たり前
・仕事が終わっていないのに、帰って欲しくない
・長く会社にいるほうが、仕事をしている
・休みの日も会社に来る人は頑張っている

などの価値観があります。

社会人になったら、若者の考え方は、なかったことにしてしまう会社や上司が多すぎます。

社会人として、遅刻や最低限の身だしなみは必要だとしても、それ以外の仕事に大きく影響しない部分でさえも否定して、昔の考え方を押しつけています。

・やりとりは電話が基本！
・人生の目標を持ちなさい！
・本を読みなさい！
・出世を目指しなさい！

・メールではなく、顔を見て話しなさい！
・YouTube やＳＮＳより、テレビや新聞でしょ！
・飲み会には参加するものだ！
など。

若者とオジサン上司との考え方の違いには、大きな壁があるのです。
しかし、若者の考え方を否定するのではなく、考え方を知ろうと努力して欲しいのです。

・やりとりは電話が基本だ！
↓ＬＩＮＥやメールなどでも、連絡はできるかも
・人生の目標を持ちなさい！
↓給料が上がらない時代だから難しいよね
・本を読みなさい！
↓活字離れで、みんなが読まない時代になってしまったし
・出世を目指しなさい！
↓苦労したくないという考え方も受け入れよう
・メールではなく、顔を見て話しなさい！
↓状況にもよるが、伝わるのであれば、手段は考慮しよう

・YouTubeやSNSより、テレビや新聞でしょ！

↓スマホがここまで普及した今、我々とは興味を持つものが違うよね

・飲み会には参加するものだ！

↓自分の時間を大切にさせてあげたほうがいいかな

若者の価値観や考え方、習慣などを知る努力をするからこそ、上司を信頼してくれるようになります。

第7章

上司世代の価値観編

超一流は、時代の流れの速さを受け入れ、ついていく努力をし、三流は、石の上にも3年にこだわり続け時代が変わってしまう

（○）超一流は、時代の流れの早さを受け入れ、ついていく努力をする
（×）三流は、石の上にも3年にこだわり続け時代が変わってしまう

現代の情報量の多さは、みなさんが実感していることでしょう。

現代の1日の情報量は、過去の時代のどれくらいの期間になるかご存じでしょうか？

「平安時代の一生分」に匹敵します。
「江戸時代の1年分」に匹敵します。

総務省のデータによると、今から20年前の1996年から10年後の2006年にかけて、私たちが選択可能情報量（発信された情報量）は530倍になりました。

情報通信白書によると、ここ10年のトラフィックデータ（ネットワーク上を流れるデータ量のこと）も、40倍に増えていることが分かります。20年くらい前に比べて、データ量は、何万倍にもなっているということです。

ＩｏＴ、５Ｇなどの普及により、今後さらなる情報量の増大が予測されます。

このような時代に、「石の上にも3年」と言って、3年（長期間）続けることを要求していると、あっという間に時代は変わってしまいます。業界によっては、３年前にしていた仕事は、もう、役に立たないかもしれません。

時代はすごい速さで進化しています。

電話だけの時代から、E-mail の時代となりました。ホームページが普及し、ネット上から企業の情報が取得できるようになりました。スマホの普及により、Amazon などネットで購入することが当たり前となりました。ＳＮＳの登場により、ホームページやブログ以外にも、情報発信ツールが増え、通信手段は、E-mail だけではなく、ＬＩＮＥやチャットワーク、Ｗｅｂミーティングなどは、ＺＯＯＭなどのアプリケーションでも可能になってきました。

スマホで決済ができるようになり、銀行に行く必要がなくなってきました。書籍は、電子書籍化により、スマホでも閲覧できます。

この情報化社会によって、流行り廃りが一気に変わります。時代の変化についていけなかった企業は、ことごとく、業績が低迷してしまっています。

こんな時代だからこそ、古いやり方に固執するのではなく、超一流の会社や上司は、時代の流れの速さを受け入れて、取り入れる努力をしています。

今の時代、スマホの進化には勝てませんので、共存していかなければなりません。

古いカーナビよりも、スマホのほうが最新で精度が高いです。

音楽は、スマホと接続したイヤホンで聴く時代です。

ホームページの閲覧は、スマホ経由の人が多いです。

遠方の社員は、毎回顔を合わせなくても、ZOOMなどを使えば、顔を見ながらミーティングができます。人（社員、アルバイトなど）の採用などは、新聞広告より、ネット媒体です。電話をしたり、パソコンを開いたりしなくてもいいように、簡単なやり取りは、スマホのアプリでできるようにすれば、お互いに時間を使わずに済みます。

法人企業が相手だから関係ないとか、業界が違うとか、最新のツールはセキュリティーが心配だなどと考えていると、時代に取り残されてしまいます。

特に、若手社員は、情報の進化に対応する能力が優れています。若手の社員がどう考えるかという視点は、とても重要なポイントなのです。円滑なコミュニケーションをするためにも、若手社員の意見を取り入れてあげましょう。

プロ野球でも高卒の新人が1軍で活躍するまで数年かかったり、新入社員が仕事を身につけるのに時間がかかったりすることはあります。転職する場合、1社に3年くらいいないと、長続きしない人間だと判断されてしまうこともあるでしょう。

そのような意味から、「石の上にも3年」という言葉が間違っているわけではありません。

時代の変化が速いので、「考え方を柔軟にしましょう！」というのが私の伝えたいことです。

超一流は、SNSから情報化社会を学び、三流は、SNSをバカにして社会に取り残される

（○）超一流は、SNSから情報化社会を学ぶ
（×）三流は、SNSをバカにして社会に取り残される

SNSは、人とつながる機会を増やす素晴らしいツールです。知らない人と、共通の話題を通じて知り合いになることもできます。

私のようなフリーランスの仲間は、SNSを通じて、普段から何をしているかを確認しあったりしていますので、久しぶりにお会いしても、いつも会っているような感覚があります。たまにしか会わなくても、身近に感じる素晴らしいツールだと感じています。

ですが、使い方を間違えると、一気に拡散されてしまうため、お遊び気分の投稿が、企業に大損害を与えたりしてしまいます。

近年、アルバイトがふざけた動画をSNSにアップして、炎上して社会問題になっておりま

でしょう。

す。寿司屋さんもカラオケボックスもコンビニも、企業のイメージは下がり、大変だったこと

そのため、オジサン世代はＳＮＳをあまりいいツールとして捉えていないのが実情です。大手企業などは、社員がＳＮＳをやること自体、禁止しているところもあります。社内の内部機密が漏れることも考えられますから。

会社員の人は、ＳＮＳをあまり必要としていないことも多く、活用している人も少ないです。ＳＮＳそのものが、きちんと理解できていない現状があります。

そのため、とにかくＳＮＳをバカにするオジサンが多いのです。

「子どもがＳＮＳを使っているとバカにする」「若者がＳＮＳに夢中になっていることをバカにする」「ＳＮＳで炎上するようなバカな出来ごとがあると、本人とＳＮＳをバカにする」などです。

自分の部下が、休憩中にＳＮＳに熱中していることなども、あまりよく思っていないようです。

流行り廃りがありますので、今後、今あるＳＮＳがどうなっていくかは分かりませんが、**若**

者と対等に会話をしたいのであれば、オジサン世代の上司も、ＳＮＳのことを理解しなければなりません。

人と信頼関係を構築する場合は、お互いのことをどれだけ知っているかが大切です。営業の方なら分かると思いますが、お客様のことを全く知らずに、自社の商品やサービスを採用してもらうことは不可能に近いです。まずは、お客様の会社のこと、お客様の扱う製品のことなどを理解するのが先決です。

お客様の担当者が何に興味を持っているかを、一生懸命、理解しようとします。

男性は、彼女を作ったとき、もしくは今の奥さんを口説いたときを思い出してみて下さい。コミュニケーションを続けるために、相手の興味のあることを知ろうとしたはずです。

これと同じように、今の若者が興味のあることを否定して知ろうとせずに、若手社員の部下と信頼関係を作るのは無理があります。若手社員を動かしたいのですから、相手の興味のあることを知ろうとするのは、営業や結婚と同じではないでしょうか。

特に、若いアルバイト社員を多く抱える職場であれば、なおさらでしょう。

あなたが三流の上司のままでよければ、ＳＮＳをバカにしていればいいと思うのですが、超一流の仲間入りをしたいのであれば、ＳＮＳも立派な情報化社会のツールであると認めなければなりません。

定年退職した世代は、スマホやパソコンを使いこなせないため、ネットで物を買うことに否定的です。ネット通販を否定している世代と同じように、オジサン世代は、ＳＮＳを否定しているのです。

時代が変われば、今の時代に必要とされているものも変わります。新しいことを受け入れられないと、いつまで経っても、新しい時代についていけないですから。

超一流は、電話以外の伝え方手段を工夫し、三流は、電話を使い、出ないと怒る

（○）超一流は、電話以外の伝え方手段を工夫する
（×）三流は、電話を使い、出ないと怒る

オジサン世代の電話好きは、相当なものです。

電話好きというより、通信手段が電話しかなかったため、電話を使うことが当たり前となっているのでしょう。

逆に、若者は、電話をあまり使いたがりません。

もし、電話で話す必要があるときは、事前に、何時に電話してもいいか確認してから、電話をしている人が多いです。

ここに、オジサンと若者の対立構造があります。

日経新聞の記事にも、ＳＮＳ世代の電話が苦手な若者に、企業が電話応対をイチから指導しているという内容が紹介されていました。確かに、今の若者は、電話で名前を聞き取れなくても、再度確認しなかったり、「朝一」と言われても時刻を確認しなかったり、ということはよくありますので、私も注意したことがあります。新人教育の中で、電話応対指導の需要も大きいです。

社会で働く以上、必要最低限の電話応対は教える必要はあるかもしれません。

ですが、**「電話が基本だろ！」「電話に出て当たり前！」と思っている上司の方は、考え方を少しあらためるべきです。**

「何を言っているのだ！　電話がなかったら仕事にならないだろー」という声が聞こえてきそうです。今すぐ、「電話をやめましょう！」ということではなく、「電話しかない！」と思っている考え方を、「本当にそうなのか？」と、見直しましょうということです。

私は、オジサン世代にしてはめずらしく、電話は好きではありません。そのため、独立してからはなるべく電話を使わなくていい仕事を選びました。不思議なことに、同じ目的の要件を済ますために、「電話をしてくる人」と「メールをしてくる人」がいます。「講師」の仕事をしていると、ほとんど電話に出られないのですが、「電話派」のお客様からは、緊急のようなことを言われます。「メール派」のお客様は、緊急だと言いません。繰り返しますが、中身が違うだけで同じ確認や連絡ですので、考え方の違いだとしか思えません。

このようなことからも、「緊急」だと思っていて、相手が電話に出ないことに対して「不満」に思っているのは、当人だけではないかと思われます。「電話」でないといけないと決めつけている可能性も高いのです。

私も元、会社員の営業マンですし、会社員が電話を必要とする場面はよく分かっています。研修などでも、電話に「出る」「出ない」の議論は、よく聞いています。

「電話派」の意見：

緊急な要件で電話をしている。文字を打つのが面倒で時間がかかる。電話で話せば1回で終わる。メールの返事を待つのが面倒。

「メール派」の意見：

電車の中や、移動中なので電話に出られない。緊急と言っているが、緊急だとは思えない。会議中や商談中は、お客様に失礼。何度も同じことを電話されても迷惑。

私からすると、どちらも正しいと思います。どちらも、自分たちの都合です。

「電話派」の人は、電話を重要視しているので、電車の中でも、飲食店の中でも、お客様と商談中でも電話に出ます。文字に残したいことでも電話で伝えるので、聞き取れていないと、再確認しないといけません。つかまりやすい反面、マナー的にはどうかと思うときもあります。

「メール派」の人は、電車の中などでは電話には出ないで、マナーを大切にします。ですが、ほんとに緊急なときには困ります。しかし、メールですと、文字に残るので、「言った」「言わない」になりにくいというメリットもあります。

会社員として給料をもらっている人間が、電話も出ない、折り返しもない、メールやＬＩＮＥなども見ていないというのであれば、問題ですので叱る必要があります。

ですが、「電話」が当たり前だと思っているのは、少し違います。

せめて上司は、電話が苦手な自分の部下に対しては、無理に電話を使わせるのではなく、「なるべく電話を使わないで伝える方法」を考えてもいいのではないでしょうか。

部下が思うように動いてくれないとき、電話で「言った」と言い張るのは、電話派の上司で

す。電話に出ないと怒るのも、すぐに折り返しがないと怒るのも電話派の上司です。「言った」「言わない」になっている時点で、相手に伝わっていません。もはや、人に伝えるツールは、電話だけではないのです。

ホリエモンこと堀江貴文さんも、「電話してくる人とは仕事するな！」と、しきりに言っています。「人の時間を奪うツール」だと強調しています。電話派の人は、この考え方を完全に否定していますが……。

先日、ある会社が、社内の電話を全廃したという記事をネット上で目にしました。なかなか思い切ったことをする社長だなと思いました。これによって、お客様が10％ほど減ったそうです。ですが、その10％のお客様の電話によって、全体の30〜40％に負荷がかかっていたそうです。電話は、何の前触れもなく「いきなり怒られる」こともあるため、精神的にも良くないとのことでした。空いた時間ができたため、社員が休みやすくなったそうです。

今では、ＳＮＳが普及し、ＬＩＮＥ、チャットワーク、メッセンジャーなど、相手が読んだかどうか分かる機能を持ったツールが登場しました。短い文章で、気軽にスマートフォンからもやり取りできるため、非常に便利です。

私が取引をしている企業でも、設立が新しい会社、社長や社員が若い会社、そしてフリーランス同士のやりとりは、メールよりも、ＬＩＮＥ、チャットワーク、メッセンジャーを使う機会のほうが多いです。電話を使うことはありません。

時代が変わってきていることを実感します。

上司は、「電話は当たり前！」という考え方を頭から外し、部下の使いやすいツールで伝える方法を考えてあげて下さい。理解がある上司だと思われるだけで、何倍も伝わるようになります。

超一流は、合わない仕事や職種への見切りは早いほうがいいと考え、三流は、我慢すればいいことがあると耐え続けさせる

(○) 超一流は、合わない仕事や職種への見切りは早いほうがいいと考える
(×) 三流は、我慢すればいいことがあると耐え続けさせる

今までの日本企業は、特定の専門分野に特化したスペシャリストよりも、分野を限定せず、なるべく広く経験するゼネラリストを育ててきました。転職をする前提ではなく、新卒から定年まで長く働くことが前提でした。そのため、自分に合わない仕事であっても部署を異動していきますので、数年間我慢すれば何とかなるというような社会でした。

日本の会社のトップに上り詰めて行くために必要な教育方法で、いろいろな部署を経験させて広く浅く経験させます。ですが、途中で会社を辞めてしまうと、キャリアが分断されてしまい、得意分野は何もない、ということになってしまうのです。

会社を一生変わらないという前提では、「自分が我慢する」ことさえすれば、何とかなりま

した。そもそも働く目的が、「お金を稼ぐため」「家族を養うため」ということだったので、言い方は悪いですが、仕事は何でもよかったのです。

その後、転職が当たり前の社会となり、自分に向いていない仕事ではなく、自分がやりたい仕事を求めて、転職する人も増え、業界未経験でも働くチャンスが与えられる世の中になってきました。

例えば、**「公務員」↓「一般企業」**に変わる人もいますし、逆に、**「一般企業」↓「公務員」**になる人もいます。安定を求めてではなく、決まり切ったことをきちんとこなすことが向いている人と、向いていない人が、自分の適性に気がつくようになってきたのです。

「一般企業」↓「看護師」「保育士」のように専門の業界に変わる人もいますし、その逆に、大学や専門学校で専門的な資格を取得しても、**「看護師」「保育士」↓「一般企業」**に変わる人もいるのです。

「営業」↓「ＩＴエンジニア」になる人もいます。未経験から、**「コンサルタント」**になる人もいます。

私は、理系出身だったため、大学卒業後は、ＩＴエンジニアになりました。営業の仕事に就く気は全くありませんでした。しかし、なぜだか、人と話すことに興味を持ち、営業職に変わったのですが、この営業という仕事が、こんなにも自分に向いていたとは思ってもみませんでした。

このようなことから考えると、**上司は部下に、合わない仕事を無理に続けさせるよりは、職種の転換なども考えてあげたほうが、本人のためになることもあるのです。**

数年、自分の部下として働いていた人が、「向いていない」と感じたら、社内の他部署への異動を考えてあげることも必要になってくるでしょう。

勘違いしないで欲しいのは、「部下を辞めさせる」ことではありませんし、「本人が希望していない」のに、異動を無理強いしたり、仕向けることでもありません。**あくまでも「本人がどうしたいか」というのが大前提です。**

ただ、これからは、1社で長く働くことだけが、自分のキャリア形成ではありませんので、「我慢すればいいことがある！」と上司が部下に勘違いさせ、耐え続けさせるのはよくありません。

部下の人生で、一番よい方法を選択できるよう、上司が見守ってあげることが必要です。

超一流は、ネットを活用した情報収集をし、三流は、本や新聞を読まない人を悪く言うけど自分は読んでない

（○）超一流は、ネットを活用した情報収集をする
（×）三流は、本や新聞を読まない人を悪く言うけど自分は読んでない

オジサン世代、特に55歳以上の人がよく言っているのが、「今の若者は本を読まない！」「新聞くらい読むべきだ！」という意見です。

確かに、出版不況で本が売れない、新聞が売れないことから、活字離れが加速しているのは事実です。**私は、本が好きですし、確実に人生で役立つことが分かっているので、「もっと本を読んだほうがいいのに」と思うこともあります。**

本も書いていますので、本が売れないと困りますし。

私が読書家になったのは、自分で仕事をしたいと思い始めた35歳ころからです。それまで

は、ほとんど読書の習慣はありませんでした。講師業は、情報収集と勉強が必要ですので、本を読み勉強しますが、会社員のままでしたら、おそらく、本を読んでいなかったでしょう。必要性を感じないと、なかなか本を買って読むことはないですから。

では、「小言」を言っているオジサンたちは、果たして本を読むのでしょうか？
私は「読書本」を書いていることもあり、人の読書量が気になります。いやらしいのですが、いろいろな人に、「どれくらい本を読むのか？」と聞いたりしています。残念ながら、ほとんど人が、本を読んでいないことが分かりました。「小言」を言っているオジサンも当てはまります。

テレビや雑誌で、「読書」の大切さが特集されたりしていますので、親は子どもに本を読ませようとします。なかなか本を読むようになりませんので、親も「本を読みなさい！」と注意をします。

そんな親たちは、本を読んでいるのでしょうか？
全く読みませんね。

親が本を読んでいる姿を見ていないのに、子どもが本を読みたいと思うはずがありません。

自宅に本がないのに、「本に興味を持つでしょうか？」ということです。

人に、「本を読め！」と勧めるなら、まずは、自分が読むべきです。

「新聞は最低でも読むべき！」という議論もあります。今どき、電車内で新聞を広げて読む人はいなくなりましたし、会社にある新聞コーナーの新聞しか読まない人もいるくらいです。オジサン世代も、あまり人のことは言えません。

たしかに、世の中を知るために、日本経済新聞くらいは、朝にでも目を通しておくといいと感じます。ですが、今の若者は、情報がコントロールされているテレビや新聞を好みません。同じことしか書いていないように見えるからです。

「本も読まない」「新聞も読まない」と嘆くよりは、上司のほうが発想を転換して、スマホのニュースだけでも軽く目を通すように勧めてはいかがでしょうか？

私もスマホアプリを使ったニュースは、大変重宝しています。

Ｙａｈｏｏ！ニュースくらいでしたら、見ている人も多いですし、そんなに苦痛ではないはずです。いろいろなニュースを集めた、スマートニュースなどもあります。

若者は、新聞や本は読みませんが、スマホは毎日触っています。

本を読まない人を、読むようにするのは、とても難しいです。新聞でしたら、自宅で購読しなくても、会社にもあります。スマホには、日経新聞のアプリがあり、無料で読める記事もあります。

スマホのニュースだけでも、読んでいるようなら、褒めてあげることです。
このようにして、活字離れをしないようにしていくしかありません。

おわりに

最後までお読みいただき、ありがとうございます。

超一流の上司と、三流の上司に分けて、部下に話が伝わり、部下が思うように動いてくれる方法をお伝えしてきました。項目にまとめていく中で、部下が動くか動かないかは、部下が悪いというよりは、上司のかかわり方によるところが大きいと再認識しました。

三流の上司は、自分自身の価値観を前面に出し、強い支配力を持って部下をコントロールしていくようなリーダーシップを発揮しようとします。今の時代には、その古い考え方が合わなくなってきています。思い通りにならないと「怒り」、「相手」のせいにします。「自分中心」のリーダーシップだともいえます。

これとは逆に、超一流の上司が発揮するのは、部下に対して真摯に向き合い、相手の立場に立って部下を支援していくような相手の視点に立ったリーダーシップです。ダメなことは、きちんと「叱り」、決して「相手」のせいにはしません。「相手目線」のリーダーシップだともいえます。

オジサン世代の上司の中には、このような相手目線のリーダーシップを、「部下を甘やかしたくない！」と受け入れない人もいます。ですが、部下として働く側の意識や価値観は、どんどん変わってきています。

部下が変わってきているのに、上司が昔のままでは、時代に取り残されてしまいます。部下を相手にしている上司が変わらなければ、部下は動きません。

そろそろ、上司の考え方を見直すときではないでしょうか。

すべてを変えろとは言いません。この本に書いてあることを、1つでも2つでも、取り入れていただければ、部下の動きが変わることを実感できると思います。

ぜひ、活用して下さい。

「部下が動くようになった」「部下に伝わるようになった」など、嬉しいお知らせをお待ちしております。

大岩俊之

著者略歴

1971年、愛知県に生まれる。ロールジョブ代表。キャリアコンサルタント、セミナー研修講師。大学ではAI（人工知能）を学び、ITエンジニアとして就職するが、人と会話することのほうに魅力を感じ、営業職へ。電子部品メーカー、半導体商社など4社で、法人営業を経験。いずれの会社でも、必ず前年比150％以上の営業数字を達成。200人中1位の売上実績を持つ。独立起業後、読書法やマインドマップ、記憶術などの能力開発セミナー講師をしながら、法人営業、営業同行、コミュニケーション、コーチングなどの研修講師として8000人以上に指導してきた実績を持つ。年間200日以上登壇する人気講師として活躍している。

著書に、『ビジネス本1000冊分の成功法則』（PHP研究所）、『年収を上げる読書術』（大和書房）、『営業マンの自己心理改革―商談が楽しくなる！モノが売れる！』（アルファポリス）などがある。　https://role-job.com

部下を動かす！超一流の伝え方・三流の伝え方

二〇一九年六月九日　第一刷発行

著者　大岩俊之
発行者　古屋信吾
発行所　株式会社さくら舎　http://www.sakurasha.com
東京都千代田区富士見一-二-一一　〒一〇二-〇〇七一
電話　営業　〇三-五二一一-六五三三　FAX　〇三-五二一一-六四八一
編集　〇三-五二一一-六四八〇　振替　〇〇一九〇-八-四〇二〇六〇
装丁　長久雅行
本文デザイン・組版　株式会社システムタンク（白石知美）
印刷・製本　中央精版印刷株式会社

ISBN978-4-86581-200-8